Angelika Lipinski
ZELLULOIDPUPPEN SAMMELN
Ein Katalog und Preisführer

Angelika Lipinski

Zelluloidpuppen sammeln

Ein Katalog und Preisführer

Laterna magica

2. Auflage 1987

Satz: Satz + Buch W. Hartmann, Gauting. Druck: Passavia, Passau.

ISBN 3-87467-313-8

Inhalt

Die Autorin dankt all denen, die mit Rat und tatkräftiger Hilfe zum Gelingen dieses Buches bei-getragen haben, insbesondere Frau Katharina Engels (Puppen- und Spielzeugmuseum Rothen-burg ob der Tauber), Herrn und Frau Fotouhi, Herrn Heinz Hirschmann, Frau Längle, Herrn Giuseppe Ricucci und ihrem Ehemann Gert-Rüdiger.

Vorwort

Es liegt wohl in der Natur des Menschen, etwas Liebgewonnenes zu erhalten, und so steht beziehungsweise sitzt vielleicht am Anfang jeder Puppensammlung das eigene «Fritzle», «Peterle», «Bärbele» oder wie sie alle heißen. Bei mir war es jedenfalls so, daß die beiden Zelluloidpuppen, die ich als Kind bekommen habe, später den Anfang meiner Sammlung gebildet haben.

Zelluloidpuppen genießen heute immer noch relativ wenig Ansehen, sie gelten allgemein als nicht sehr attraktiv und nicht besonders wertvoll. Sie finden eigentlich nur beim Sammler volle Anerkennung, so daß durch die große Nachfrage die Puppen nun relativ rar und entsprechend teuer geworden sind.

Leider gab und gibt es sehr wenig Informationen über dieses Sammelgebiet, und so habe ich parallel zum Sammeln begonnen, selbst etwas über die Vergangenheit der Zelluloidpuppen zu erforschen. Es ärgerte mich schon lange, daß in sämtlichen Puppenbüchern, die allgemein über alte Puppen informieren, immer nur kurz mit ein paar Zeilen, kombiniert mit ein paar Fotografien, etwas über Zelluloidpuppen erwähnt wird, und das, obwohl Zelluloidpuppen doch genauso wie Porzellanpuppen ein Stück Geschichte verkörpern.

Betrachtet man das Gesicht, den Gesichtsausdruck einer Porzellanpuppe, so kann man feststellen, daß sich da nach all den Jahren des Spielens und Aufbewahrens nichts verändert hat. Anders ist dies bei einer Zelluloidpuppe. Jede Zelluloidpuppe besitzt die liebenswürdige Eigenheit, daß sich ihr Aussehen im Laufe der Zeit verändert und an Ausstrahlungskraft gewinnt. Durch das Bespielen sind die oftmals starr aufgemalten Gesichtszüge lebendig, und das Gesicht hat einen schönen Glanz bekommen, außerdem hat das Licht, dem das Zelluloid ausgesetzt war, dessen Farbton in vorteilhafter Weise verändert. Solche Puppen sind heute individuelle Einzelstücke, die sich nicht einfach durch eine Puppe des vormals gleichen Typs ersetzen lassen.

Aus diesen verschiedenen Aspekten heraus entstand die Idee zu diesem Buch, in dem ich meine Kenntnisse und Erfahrungen, die ich während des Sammelns und Restaurierens einfach durch die Beschäftigung mit Zelluloidpuppen, deren Herkunft und Geschichte gewonnen habe, weitergeben möchte.

Ein Buch dieser Art kann wohl nie komplett sein, und es erhebt daher auch nicht den Anspruch auf Vollständigkeit. Da die meisten ehemaligen Zelluloidpuppenfabriken schon längere Zeit nicht mehr existieren und durch zwei Weltkriege manche Unterlagen vollständig vernichtet wurden, ist es heute sehr schwer, sich überhaupt erst einmal einen Überblick zu verschaffen, bevor man dann konkret mit dem Einordnen der verschiedenen Puppen nach Alter, Herkunft usw. beginnen kann. Hinzu kommt noch, daß viele Firmen zusammengearbeitet haben. Sie haben sich gegenseitig Teile geliefert (auch ins Ausland) und voneinander Puppentypen kopiert, so daß bei der Kennzeichnung ein Durcheinander entstand, das heute schwer zu ordnen ist. Es ist also keine vollständige Dokumentation über Zelluloidpuppen möglich, auch wenn man sich wie hier auf die deutschen Hersteller beschränkt. Ich bin mir auch nicht sicher, ob das überhaupt notwendig ist, denn Puppen sollten um ihrer selbst willen gesammelt werden und nicht nach der Kennzeichnung, die sie tragen.

Ich hoffe jedoch, daß die Leser, die sich für Zelluloidpuppen interessieren oder sie sammeln, in diesem Buch die Informationen finden, die sie benötigen, um ihre Sammlung zu datieren und zu ordnen, und daß diejenigen, die bisher an diesen Puppen nicht interessiert waren, an ihnen Gefallen finden und sogar zum Sammeln ermuntert werden. In diesem Sinne wünsche ich ihnen allen viel Freude beim Anschauen und Lesen dieses Buches.

Ingersheim, im Sommer 1986   Angelika Lipinski

Die Anfänge und die Weiterentwicklung der Zelluloidpuppenproduktion in Deutschland

Gegen Ende des neunzehnten Jahrhunderts wurde fast die gesamte Produktion der deutschen Puppenindustrie ins Ausland verkauft. Dies brachte jedoch große wirtschaftliche Probleme mit sich, denn die Schutzzölle der Importländer waren sehr hoch, da sie nach dem Gewicht der Ware berechnet wurden, und so mußten die relativ schweren Porzellanköpfe teuer verzollt werden. Deshalb bemühten sich alle Puppenhersteller um niedrigere Gewichte ihrer Exportartikel, und sie experimentierten mit der Neuentwicklung einer Masse, die die Köpfe leichter machen sollte. Dabei entstanden Puppenköpfe aus Holzersatzmasse, aus Hartgummi oder aus Papiermaché. Diese Köpfe waren nun zwar leichter als jene aus Porzellan, aber weniger gefragt; sie konnten sich nicht durchsetzen. Auch Köpfe aus Blech waren kein entsprechender Ersatz. Es mußte einfach ein Werkstoff gefunden werden, der allen Qualitätsansprüchen des Porzellans entsprach, aber leichter war.

Die Gebrüder Hyatt erfinden 1869 das Zelluloid

Schon im Jahr 1869 hatten in New York die Gebrüder Hyatt durch einen Zufall das Zelluloid entdeckt. Dieser Stoff ist kein Naturprodukt, sondern gilt heute als einer der ältesten Kunststoffe. Als Ausgangsmaterial für die Herstellung von Zelluloid diente Kollodiumwolle, der man Kampfer zum Weichmachen zusetzte. Kollodiumwolle entsteht durch Einwirkung eines Gemisches von Salpetersäure und Schwefelsäure auf Zellulose, die aus Baumwolle oder aus Zellstoff bereitet wird. Kampfer wurde früher als Naturprodukt verwendet; man gewann ihn aus den in Japan und China vorkommenden Kampferlorbeer-Bäumen durch Wasserdampfdestillation. Später dann wurde in Deutschland fast ausschließlich synthetischer (künstlicher), aus Terpentinöl gewonnener Kampfer verarbeitet. Bei der Herstellung des Zelluloid wurde Kollodiumwolle in alkoholfeuchtem Zustand mit Kampfer zu einer teigartigen Masse geknetet. Diese Masse wurde unter Anwendung von Druck und Wärme in großen hydraulischen Pressen zu Blöcken gepreßt, wodurch das Material seine hornartige, feste Beschaffenheit erhielt. Aus

Das Rohzelluloid wurde in Blöcken, Platten oder Stäben geliefert

diesen Blöcken wurden Platten oder Stäbe geschnitten. Die teigartige Masse ließ sich aber auch mittels geeigneter Pressen zu Röhren in verschiedensten Abmessungen ziehen. Zum Schluß wurden die fertigen, noch frischen Platten, Stäbe oder Röhren in warmen Räumen getrocknet, wobei ihnen gleichzeitig der noch vorhandene Alkohol entzogen wurde. Zelluloid konnte glashell sowie in jedem gewünschten Farbton hergestellt werden und nicht nur einfarbig, sondern auch mehrfarbig gemustert. Besonders beliebt waren Elfenbein- und Schildpatt-muster sowie Horn-, Marmor- und Perlmuttfarben. Da die Farben durch Einmischen mit der Masse verbunden wurden, waren sie unbedingt haltbar.

Das charakteristische Merkmal des Zelluloids bestand darin, daß es bei normaler Temperatur hornartig fest und dennoch in hohem Maße elastisch, bei erhöhter Temperatur (80 bis 90 °C) aber plastisch und formbar war, daß es aber wieder die alte Härte und Elastizität annahm, sobald es auf die normale Temperatur zurückging. Man konnte dies beliebig oft wiederholen. Zelluloid ließ sich schneiden, sägen, bohren, fräsen, biegen, prägen, pressen, ziehen, weiten, blasen, auf Hochglanz polieren und mit Lösungsmitteln haltbar kitten. Zelluloid hatte keine Poren, so daß Staub und Schmutz nicht eindringen konnten. Zelluloid war wasserfest und beständig gegen Säuren und Laugen mittlerer Konzentration. Es ließ sich so vielseitig und leicht verarbeiten wie kein zweiter Kunststoff und fand deshalb Verwendung auf unzähligen Gebieten: Man fertigte zum Beispiel Kämme, Griffe, Spielzeug und später auch Filme daraus. Der Hauptnachteil des Zelluloids jedoch war seine leichte Entflammbarkeit; deshalb wurden dem Material nach und nach verschiedene Zusatzstoffe beigefügt, die ein schnelles Entflammen verhindern sollten.

Zelluloid, der Kunststoff mit den idealen Eigenschaften

Zelluloidwarenfabriken entstanden ab 1880 in allen Ländern Europas. Neben dem Biskuitporzellan wurde das Zelluloid zur zweiten tragenden Säule der Puppenindustrie. In Deutschland war der erste, gleichzeitig größte und erfolgreichste Hersteller von Zelluloidpuppen die Rheinische Gummi- und Celluloidwarenfabrik in Mannheim-Neckarau. Sie gilt heute als älteste Zelluloidpuppenfabrik der Welt, ihre Puppen gingen in die Puppengeschichte als «Die mit der Schildkröte» ein.

Die älteste Zelluloidwaren-fabrik der Welt

Die ersten Zelluloidpuppen wurden ab 1896 in Deutschland hergestellt, indem man anfangs Zelluloidplatten und später auch Zelluloidröhren in Metallformen durch Erwärmen plastisch gestaltete. Mit diesen Metallformen wurden einzelne Puppenteile gepreßt und mit Laschen zusammengeklebt. Nach vielen Versuchen gelang es, gleichmäßig gute Puppen aus dem neuen Werkstoff – dem Zelluloid – zu schaffen. Die ersten Modelle waren zwar nicht das, was man sich vorgestellt hatte, sie waren steif und relativ unbeweglich, sie ähnelten von der Farbe her dem bleichen Biskuit, hatten nur gemalte Augen und modellierte Haare und waren etwas teurer als die bisher üblichen Puppen. Die Tatsache, daß diese neuartigen Puppen abwaschbar und nicht so leicht zerbrechlich waren wie Porzellanpuppen und außerdem ein geringeres Gewicht hatten, wurde bald bekannt und auch beim anfangs skeptischen Spielwarenhandel sehr geschätzt.

Der Siegeszug der neuartigen Puppen

Es gab dann aber auch Puppen mit einem Zelluloid-Brustblattkopf, der auf einen gut gearbeiteten Ziegenleder- oder Wachstuchkörper aufgenäht war, oder Puppen mit einem Zelluloidkurbelkopf, der an einem Gliederkörper befestigt war. Diese Puppen hatten feststehende Glasaugen oder Schlafaugen und Echthaar- oder Mohairperücken. Auch Halbarme, Hände, Unterschenkel und Füße wurden für die sogenannten Balgpuppen aus Zelluloid gefertigt.

Die Preßformen mit Dampfdruck

Die etwas spätere Methode, Ganzzelluloidpuppen herzustellen, bestand darin, daß zunächst Platten oder Röhren aus Zelluloid durch Wärme erweicht und in heiße Metallformen gelegt wurden. Diese Formen waren zweiteilig und wurden durch starken Druck aufeinandergepreßt. Dann wurde Dampf zugelassen, und dieser Dampfdruck bewirkte, daß sich das Material geschmeidig in das Innere der Form einpreßte. Nach genau bemessenen Zeiten wurde der Dampf wieder abgestellt; die Formen wurden mit Wasser gekühlt und dann geöffnet. Durch dieses Verfahren entstanden aus Platten (oder Röhren) geformte Puppenteile, also Köpfe, Rümpfe, Arme und Beine.

Die Blasmethode

Bei der Blasmethode, die im Gegensatz zur Preßmethode die Arbeit des Zusammenfügens der Halbformen ersparte, entstanden gewöhnlich mehrere gleichartige Teile, und schon beim «Ausbrechen», wie man das Trennen nannte, setzte die erste Kontrolle ein – schwach geblasene Rohlinge, beispielsweise Köpfe mit dünnen Stellen, kamen sofort zum Abfall. Die rohen Puppenteile waren allerdings noch recht unansehnlich – sie wurden gewaschen und so von etwaigen Verunreinigungen befreit. Da die Formen aus zwei Hälften bestanden, ergab sich an den Puppenteilen ein Grat, der mit besonderen Werkzeugen entfernt wurde. Diese Gratstellen und überhaupt die ganze Oberfläche der Puppenteile glättete man auf einer Schleifscheibe mit Bimssteinpulver und Wasser.

Weiterverarbeitung der Puppenrohlinge

Als nächstes wurden Löcher für das Anbringen der die Glieder verbindenden Gummischnur gebohrt. Bei den Köpfen wurden die Augenhöhlen teilweise ausgeschnitten und Glasaugen, später auch Schlaf- beziehungsweise Schelmenaugen eingesetzt. Nachdem die einzelnen Teile zur fertigen Puppe zusammengesetzt waren, erhielten die Puppen in der Malerei ihre letzte Vollendung. Teils wurden nur die Köpfe oder die Gesichter bemalt, teils wurde die ganze Oberfläche durch eine Mattierung verfeinert. Als die ersten Zelluloidpuppen entstanden, gab es bereits eine in Heim- und Werkarbeit gegliederte Puppenerzeugung für Leder-, Stoff- und Porzellanpuppen. In Heimarbeit wurden all die Arbeiten verrichtet, die keine Maschinen erforderten. Diese Heimarbeit, die dann auch bei der Produktion von Zelluloidpuppen notwendig war, wurde vorwiegend von Frauen ausgeführt.

Auf der Suche nach neuen Methoden und Verfahren bei der Herstellung von Zelluloidpuppen war die «Rheinische» führrend. Sie meldete nacheinander unzählige Patente beim Kaiserlichen Patentamt in Berlin an, so unter anderem für die verschiedensten Vorrichtungen zum Befestigen von Glasaugen, später auch Schlaf- und Schelmenaugen in den Zelluloidköpfen.

Schon um die Jahrhundertwende begann die «Rheinische» mit ersten Experimenten, ein transparentes, wachsartiges Zelluloid herzustellen, das es ermöglichen sollte, realistisch wirkende Puppenköpfe und -körper anzufertigen. Dies war etwas völlig Neuartiges, hatte aber den Nachteil, daß keine beweglichen Augen in Köpfe aus solchem durchscheinenden Zelluloid eingesetzt werden konnten, da die Metallteile der Augengestelle dunkel durchschimmerten. Dieser Nachteil wurde aber sehr schnell dadurch beseitigt, daß die transparenten Zelluloidpuppenköpfe von innen zuerst mit einer cremig-weißen und dann mit einer blutroten Farbe gespritzt wurden. Die Köpfe waren somit nicht mehr durchscheinend. Man nannte sie «MIBLU» (Abkürzung für «Milch und Blut» – bezogen auf das rosige Aussehen dieser Köpfe, die das typisch deutsche Kind symbolisierten). Man erkennt einen «Miblu-Kopf» heute nicht an seinem rosigen Aussehen, sondern an einer ziemlich dunklen, gelblich-braunen Verfärbung des Teints, und an den Stellen, wo sich die Farbschicht gelöst hat, zeigen sich dunkle, durchscheinende Stellen. Die Firma Koenig & Wernicke stellte später auch solche Köpfe unter dem Namen «Cellowachsköpfe» her. Die Besonderheit dieser Köpfe waren die hellblauen Augen, sogenannte Reflexaugen, die den Betrachter stets anblicken.

Um auch den Zelluloidkörpern ein natürliches Aussehen zu geben, da die Puppen, die man waschen und baden konnte viel als Nacktpuppen verwendet wurden und darum eine möglichst naturgetreue «Haut» haben mußten, wurden die blassen Körper angerauht, eine trockene Schminke aus Karmin- und Zinnoberrot mit einem Pinsel aufgetragen und die gefärbten Partien danach mit einem durchsichtigen Mattlack überzogen, damit ein glatter, natürlich wirkender Farbton entstand. Später wurde die Fleischfarbe einfach mit der Zelluloidmasse vermischt, das Material also mit Farbe durchsetzt. In den vierziger Jahren wurde dann die neue Farbvariante «Sonnenbraun» entwickelt, hervorgerufen durch die allgemein verbreitete Liebe zum Freiluftsport. Bei der Puppe «Sonnenbraun» wurde ein gelblich-, rötlichbrauner Mattlack aufgespritzt, der in die Oberfläche des Puppenkörpers eindrang und sich mit diesem verband, da die Farbe weder beim Gebrauch der Puppe noch durch das Waschen abgehen sollte. Das Auftragen dieser Sonnenbraunfarbe geschah durch Spritzpistolen. Ein starker Luftdruck trieb die Farbe aus einem Behälter in eine kleine Düse,

Die Anfänge der «Rheinischen»

Zelluloidkörper mit hautähnlicher Oberfläche und Färbung

wodurch eine sprühartig feine Verteilung auf der zu mattierenden Fläche erfolgte. Auf dieselbe Weise sprühte man auch die kontrastierende hell- oder silberblonde Harrfarbe auf.

Die Rheinische Gummi- und Celluloidwarenfabrik hat seit Aufnahme ihrer Puppenfabrikation auch Köpfe und Teile für andere deutsche Puppenhersteller gefertigt. So wurden zum Beispiel für die Firma Kämmer & Reinhardt Brustplatten- und Kurbelköpfe produziert (Kopfmarke einer solchen Puppe: K [Stern] R und Schildkröte ohne, später mit Raute).

Auch die Firma J. D. Kestner junior ließ einige Modelle eines Zelluloidpuppenkopfes bei der «Rheinischen» anfertigen. Diese Puppe, die für den alleinigen Gebrauch von JDK bestimmt war, hatte einen Zelluloid-Brustplattenkopf, Zelluloidunterarme und -beine und war eine der letzten Puppentypen, die Kestner angefertigt hat. Sie trägt die J.D.K.-Marke mit Zahl auf dem Schulterkopf und die Schildkröte ohne und später mit Raute.

In den zwanziger Jahren belieferte die «Rheinische» die Firma Koenig & Wernicke in Waltershausen mit Puppenköpfen, Marke: K & W und Schildkröte mit Raute. Auf diese Weise entstanden die Doppelsignaturen auf sehr vielen Puppenköpfen.

Eine ganze Reihe von Puppenköpfen mit der Schildkrötmarke wurde aber auch an andere Herstellerfirmen geliefert und für Puppen mit Ziegenleder- oder Stoffbälgen oder Gliederkörpern verwendet, ohne daß man den gewiß nicht geringen Umfang dieser Produktion und ihre Weiterverarbeiter heute noch nachweisen kann. Es ist deshalb durchaus anzunehmen, daß zu Anfang der Zelluloidpuppenzeit nicht nur deutsche Hersteller wie zum Beispiel Buschow & Beck, sondern auch französische Firmen sich der Schildkrötprodukte bedienten. Auffallend ist dabei auch, daß trotz der Vielfalt der verschiedenen Puppen doch sehr ähnliche, fast genau kopierte Puppentypen von mehreren Herstellern angeboten wurden.

Firmen, die vor allem Porzellanpuppen herstellten, boten ihre beliebtesten Puppentypen auch als Zelluloidversion an. Ein Beispiel dazu ist die Firma Kämmer & Reinhardt. Sie experimentierte schon ab 1890 mit dem neuen Werkstoff Zelluloid und entwickelte nach langen Versuchsreihen ein Verfahren, das es ermöglichte, dem Zelluloid eine anmutig weiche Oberfläche zu geben. In enger Zusammenarbeit mit der «Rheinischen» hat Kämmer & Reinhardt in Deutschland Pionierarbeit auf dem Gebiet des Zelluloid und der Produktion von Zelluloidpuppen geleistet. Das bekannteste Beispiel für diese Zusammenarbeit ist wohl die von K & R entworfene realistische Nachbildung eines etwa sechs Wochen alten Babys. Diese in Sammlerkreisen als «Kaiserbaby» bekannte und sehr begehrte Biskuitporzellankopfpuppe wurde von der «Rheinischen» und auch von K & R selbst als Zelluloidpuppe hergestellt.

Besonders erwähnenswert ist noch die Firma Buschow&
Beck, in Reichenbach (später Nossen), die zu Beginn vor allem
Blechkopfpuppen herstellte, aber auch schon vor 1900 Experi-
mente mit Zelluloid machte. Ihr Markenzeichen «Minerva»
wurde im Ausland erst bekannt, als Puppenköpfe aus Metall
angeboten wurden, die mit Zelluloid überzogen waren. Später
stellte die Firma auch Puppen ganz aus Zelluloid her. Sehr auffällig sind dabei die verschiedenen kleinen Typen von Puppenstubenpüppchen, die in allen Variationen und mit aufwendigen, bis ins kleinste Detail gehenden Modellierungen hergestellt
wurden. Während andere Hersteller in der Regel ihre Puppenmodelle in verschiedenen Größen, auch in Puppenstubengrö-
ße, herstellten, sind die von Buschow&Beck gefertigten Puppenstubenpüppchen ganz eigene Typen, die nur in dieser kleinen Größe vorkommen.

Buschow & Beck liefert Puppenköpfe aus Metall mit Zelluloidüberzug

Die meisten Firmen, die Zelluloid und Zelluloidpuppen herstellten, produzierten hauptsächlich in den zwanziger und dreißiger Jahren. Viele davon mußten die Fabrik aber noch vor
oder während des Zweiten Weltkriegs schließen oder verkaufen
– sie konnten sich neben dem Branchenriesen, der «Rheinischen Gummi- und Celluloidwarenfabrik», nicht behaupten.

Umstellung von Zelluloid auf andere Kunststoffe

Die Herstellung von Zelluloid wurde aus sicherheitstechni-
schen und gesundheitlichen Gründen Anfang der sechziger
Jahre in Deutschland verboten. Die Puppenhersteller, die zu
dieser Zeit noch produzierten, stellten entweder frühzeitig auf
andere Kunststoffe (z. B. Cellidor oder Tortulon) um, oder sie
mußten die Firmen schließen beziehungsweise verkaufen.

Erkennungsmerkmale, Typen und Marken

Miblu-Köpfe – von innen bemaltes durchsichtiges Zelluloid

Außer der Markierung an Hals oder Körper gibt es auch noch einige andere Möglichkeiten, anhand derer man das ungefähre Alter einer Puppe ermitteln und die teilweise sehr typischen Merkmale einer bestimmten Herstellerfirma erkennen kann. Dazu gehören zunächst Farbe und Beschaffenheit des Zelluloid, Haarfarben und Kopfformen.

Ganz frühes Zelluloid hat eine gelblich-blasse Farbe und ist auch verhältnismäßig leicht. In den Jahren 1900–1930 gab es von verschiedenen Herstellern («Rheinische», Koenig & Wernicke u. a.) sogenannte MIBLU-Köpfe. Es handelt sich hierbei um Köpfe aus durchsichtigem Zelluloid, das von innen mit Farbe bespritzt wurde. Heute sind sie an einer gelblich-braunen Verfärbung des Teints (ursprünglich war der Teint rosig) zu erkennen, und dort, wo sich die Farbschicht im Kopf gelöst hat, zeigen sich dunkle, durchscheinende Stellen. Nach 1830 wurden manche Zelluloidpuppen mit Farbe überspritzt – man erhielt so den Hautton «sonnenbraun» oder «fleischfarben» (hellrosa). Der sonnenbraune Hautton kommt vor allem bei Puppen der Marken Schildkröt und Cellba vor.

Die Bemalung der modellierten Haare mit kräftigen Farben erfolgte auch etwa ab 1930. Vorher waren die geprägten Haare nur leicht getönt oder von derselben Farbe wie die übrige Puppe. Die «Rheinische» verwendete wohl die verschiedenartigsten Haarfarben: von Weißblond mit Perlmuttglanz über Blond, Brünett, Rotblond bis zu Kastanienbraun. Die anderen Hersteller von Zelluloidpuppen beschränkten sich in der Regel auf Kastanienbraun und Blond.

Die gebräuchlichsten Kopfformen aus Zelluloid sind Schulterköpfe, Kurbelköpfe und Einbindeköpfe – diese Formen bezeichnen die Art des Überganges vom Hals zum Körper.

SCHULTER- ODER BRUSTPLATTENKÖPFE

Roßhaar, Seegras, Sägemehl als Füllmaterial

Diese unbeweglichen Zelluloidköpfe wurden von 1890 bis etwa 1930 von fast allen Herstellern gefertigt. Sie gehören zu sogenannten Balgpuppen, deren Körper aus weichem Material wie Stoff oder strapazierfähigem Leder hergestellt wurden. Die Körper sind mit Roßhaar, Seegras oder Sägemehl gefüllt und oft mit Zelluloidgliedern kombiniert. Die Schulterköpfe sind angeklebt oder aufgenäht. Die Größenbezeichnung der Köpfe ist in der Regel als Halsmarke auf dem Hinterkopf angebracht. Hier eine Auswahl von verschiedenen Schulterköpfen, hergestellt von der «Rheinischen».

1 – Um 1910 · modellierte Haare · gemalte Augen · geschlossener Mund · 6 cm

Halsmarke: Germany
Schildkröte in Raute[1]
Schutzmarke
6

2 – Um 1900 · Glattkopf · braune Schlafaugen · modellierte Augenbrauen · offener Mund mit Zelluloidzähnchen · 11 cm

Halsmarke: Schildkröte o. Raute
SCHUTZMARKE
No // 11

3 – Um 1900 · modellierte Haare · braune feststehende Glasaugen · offener Mund mit Zelluloidzähnchen · 8,5 cm

Halsmarke: Schildkröte o. Raute
SCHUTZMARKE
No // 8½

4 – Um 1910 · Glattkopf · braune Schlafaugen · modellierte Augenbrauen · offener Mund mit Zelluloidzähnchen · 14 cm

Halsmarke: GERMANY
Schildkröte in Raute[1]
SCHUTZ-MARKE
14

5 – Um 1915 · modellierte Haare · blaue geprägte Augen, offener Mund mit Zelluloidzähnchen · 11 cm

Halsmarke: GERMANY
Schildkröte in Raute[1]
11

6 – 1926 · Glattkopf · braune Schlafaugen · offener Mund mit Zelluloidzähnchen · 16,5 cm

Halsmarke: Schildkröte in Raute[1]
GERMANY
1926
16½

7 – 1926 · Glattkopf mit Mohairperücke · blaue Schlafaugen mit Wimpern · offener Mund mit Zelluloidzähnchen · 9 cm

Halsmarke: Schildkröte in Raute[1]
GERMANY
9
1926

---

[1] altes Zeichen; vgl. S. 86 ff.

KURBELKÖPFE

Diese drehbaren Zelluloidköpfe wurden etwa ab 1900 hergestellt. Sie gehören auf Composition-, Glieder- und hauptsächlich auf Zelluloidkörper. Sie sind unten abgerundet, werden
mit einer Feder oder Gummischlinge in den jeweiligen Körper
eingehakt und sind daher beweglich. Die Kurbelköpfe gibt es in
verschiedenen Größen, als Glattkopf mit Perücke, als ge-
schlossenen Kopf mit modellierten Haaren, mit feststehenden
Glasaugen und beweglichen Schlaf- oder Schelmenaugen.

Bei Köpfen, die nicht auf einen Zelluloidkörper gehören, ist
die Größen- und Serienbezeichnung aus der Halsmarke ersichtlich. Bei Köpfen für Zelluloidkörper ist nicht die Größe des
Kopfes angegeben, sondern die Nummer der Halsmarke, die
der Länge des dazugehörenden Körpers mit Kopf entspricht.
Nummern auf Kopf und Körper müssen identisch sein oder
dürfen wenigstens nicht sehr voneinander abweichen.

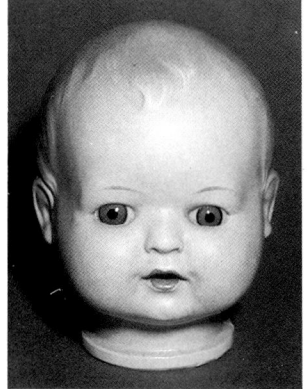

Miblu-Kurbelkopf um 1920 · 13 cm

Halsmarke: K W
              W   im Kreis
        298/13
       Schildkröte in Raute[1]
       GERMANY

RINGHALSKÖPFE

Diese drehbaren Einbindeköpfe wurden etwa von 1920 bis
1940 in Form von Babyköpfen hergestellt. Sie gehören auf einen Stoffkörper, der mit Seegras oder Sägemehl gefüllt ist und
entweder Stoff- oder Zelluloidglieder hat. Der Ringhalskopf
trägt unten am Hals eine Art Wulst, so daß er in den Stoffkörper eingebunden werden kann und trotzdem beweglich bleibt.
Es gibt diese Köpfe in verschiedenen Größen, mit gemalten
Augen, feststehenden Glasaugen und mit Schlaf- oder Schelmenaugen. Die Größen- und Serienbezeichnung der Köpfe ist
aus der Halsmarke ersichtlich.

ZELLULOIDKÖRPER UND –GLIEDER

Den Zelluloidkörper mit beweglichen Zelluloidgliedern gibt es
seit etwa 1904. Bei allen Zelluloidpuppen, gleichgültig von wel-
chem Hersteller, kann man feststellen, daß die älteren Körper
eine ausgeprägtere Modellierung aufweisen. Je älter ein Körper

Ringhalskopf um 1935 · 12 cm

Halsmarke: Schildkröte in Raute
               107/12

Babykörper mit flachem Po um 1915 ·
Höhe mit Kopf 37 cm

Körpermarke: Schildkröte in Raute[1]
            Schutzmarke
            37

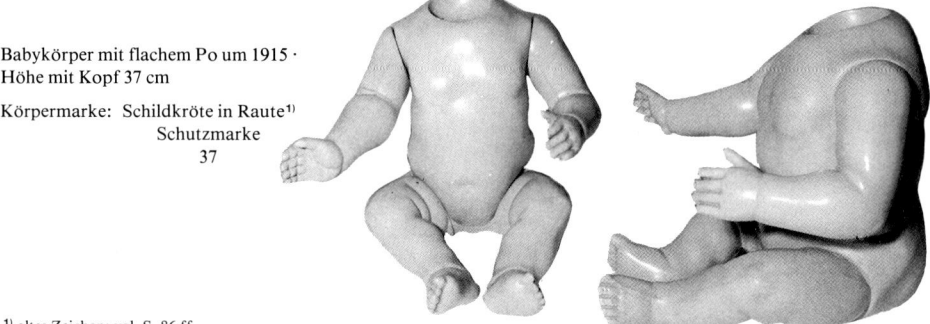

[1] altes Zeichen; vgl. S. 86 ff.

ist, desto besser ausmodelliert sind auch seine Glieder – jede Falte ist gut sichtbar – und um so lebensechter wirkt die ganze Puppe. Je jünger die Puppen sind, desto weniger Modellierung weisen sie auf. Dies ist an den Körpern und vor allem auch an Händen und Fingern gut zu erkennen.

Beachtenswert sind auch die Hand- und Armstellung sowie die Beinhaltung: Bei alten Puppen ist die Form des rechten Arms anders als die des linken, bei jüngeren Puppen gibt es diesen Unterschied kaum noch. Genauso ist es mit den Beinen – allerdings nur bei Puppen mit angewinkelten Beinen. Ein Beispiel hierfür gibt die auf Seite 16 abgebildete Puppe. Deutlich sind die ausmodellierten Glieder und der feingeformte Kleinkindkörper sichtbar. Der linke Arm ist stark angewinkelt und dem Körper zugewandt, der rechte Arm ist ausgestreckt und weist vom Körper weg, während bei den Beinen das rechte stärker angezogen ist als das linke.

Auch der nebenstehende Puppenkörper ist sehr schön ausmodelliert (Brustwarzen und Bauchnabel, fein gearbeitete Finger und Handflächen). Er ist um 1930 entstanden, kurz vor der Zeit, als die Handformen und Fingerstellungen für alle neuen Puppentypen der Marke «Schildkröt» geändert und vereinfacht wurde. Die Arm-, Hand- und Fingerstellung wurde dabei links und rechts gleich (ausgenommen «Strampelchen»), die Arme blieben leicht angewinkelt und standen etwas vom Körper ab, bei der Handstellung wurde ein Mittelweg zwischen zum Körper hingewandt und davon abgewandt gefunden. Der linke Arm ist bereits der typische «Schildkröt»-Arm nach 1930, der von vielen anderen Zelluloidpuppenherstellern in gleicher Form übernommen wurde. Der rechte Arm zeigt eine alte Form der Hand- und Fingerstellung von Puppen der Marke «Schildkröt».

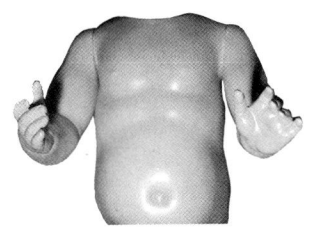

Körper um 1930 · 56 cm (m. Kopf)

Körpermarke: Schildkröte in Raute
56

UNTERARM- UND HANDFORMEN
BEI BALGPUPPEN

Auffällig an diesen Unterarmen ist ihre besonders feine, ausgeprägte Modellierung der Hände und Handflächen (Fingernägel, Fältchen an den Fingergelenken etc.). Die Unterarme in Abbildung A gehören zu einem Ziegenlederkörper. Sie werden mit einem Draht, der durch die Löcher geführt wird, am Körper mit Nieten befestigt und sind daher am Ellbogengelenk beweglich, das heißt, sie können zum Körper hin abgewinkelt werden. An der Innenseite des Armes befindet sich die Kennzeichnung: 6. (= Größe) [Schildkröte in Raute] (altes Zeichen) / GERMANY. Eine solche Kennzeichnung der Arme ist allerdings nicht nur an Puppen der Marke Schildkröt zu finden, sondern auch zum Beispiel an Puppen der Marken Minerva

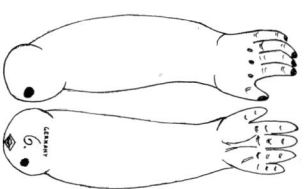

A – Unterarme eines Ziegenlederkörpers

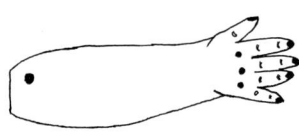

B – Unterarm eines Wachstuchkörpers

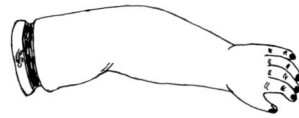

C – Unterarm eines Wachstuchkörpers mit Kennzeichnung (oben am Ring): Schildkröte ohne Raute

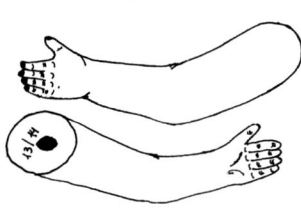

D – Unterarm einer Stehpuppe · Kennzeichnung 13/14 (Größe)

E – Fast rechtwinklig gebogener Unterarm eines «Kaiserbabys»

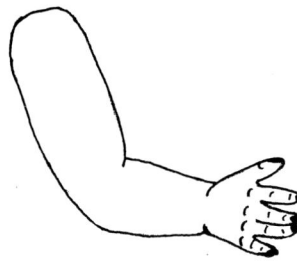

F – Typische Arm- und Handform für Puppen nach 1930

oder Kestner, da sich viele Firmen Glieder von der «Rheinischen» anfertigen ließen. Dies bedeutet aber nicht, daß sie nicht auch gleichzeitig oder später eigene produziert haben.

Der Unterarm in Abbildung B gehört zu einem Wachstuchkörper. Er wird ebenfalls mit einem Draht am Körper befestigt und ist daher beweglich. Kennzeichnung: Nur die Zahl 6 an der Innenseite als Angabe der Größe. Die Fingerstellung mit dem relativ weit abgespreizten kleinen Finger ist ungewöhnlich.

Auch der Unterarm in Abbildung C gehört an einen Wachstuchkörper. Er ist etwas länger, weil er erst ein Stück nach dem Ellenbogen aufhört. Daher ist er auch leicht abgewinkelt. Er wird in der Vertiefung am Oberarm in den Körper eingebunden und ist am Ellenbogen nicht beweglich, sondern läßt sich nur an den Schultern auf und ab bewegen.

ARM– UND HANDFORMEN AN GANZZELLULOIDPUPPEN

Bei den sehr frühen Ganzzelluloidpuppen unterscheiden sich die Arm- und Handformen der einzelnen Firmen kaum voneinander, vermutlich auch deshalb, weil die Einzelteile gegenseitig gefertigt wurden. Bei fast allen Armen ist auf der Innenseite des Scheibengelenks die Größe angegeben – sie muß mit der Größe des Körpers identisch sein.

Die Arme in Abbildung D gehören zu einer Stehpuppe Marke «Schildkröte ohne Raute». Alle Finger sind gerade ausgestreckt und geschlossen – nur der Daumen steht ab. Die Arme sind kaum angewinkelt, die Finger sehr fein modelliert.

Sehr alte Puppenarme kann man auch an der Art ihrer Befestigung erkennen. Sie haben keinen Anker, der die Gummikordel im Arm festhält, sondern Zelluloidstifte, die fest in die Gelenkscheibe geklebt sind. Diese Art der Befestigung wurde bis etwa 1915 von fast allen Herstellern verwendet.

Der Arm in Abbildung E gehört zu einem «Kaiserbaby» Marke «Schildkröte ohne Raute». Fingerstellung wie oben. Auffallend: Der Arm ist fast rechtwinklig gebogen. Feine Modellierung an den Fingern. Kennzeichnung: 8 (= Größe).

Die typische Arm- und Handform für Puppen nach 1930 zeigt Abbildung F. Sie kommt an vielen Puppen, gleichgültig welcher Marke, vor. Dieser Arm gehört zu einer Puppe Marke «Schildkröte in Raute» (neueres Zeichen). Er ist nicht mehr so stark abgewinkelt, aber auch nicht flach ausgestreckt – ein Mittelweg wurde gefunden. Die Modellierung der Finger ist nicht mehr so fein, bei Nachkriegspuppen ist sie fast gar nicht mehr vorhanden. Die Fingerstellung hat sich verändert: Mittel- und Ringfinger bleiben geschlossen, sind aber nach innen abgewinkelt, die anderen Finger sind etwas abgespreizt.

ARM– UND HANDFORMEN VON GANZ-ZELLULOIDPUPPEN DER FIRMA CELLBA

Die Firma Cellba war wohl der einzige deutsche Hersteller, der von Anfang an die Glieder zu seinen Puppen selbst entworfen und hergestellt hat. Das Erkennungsmerkmal von allen Originalgliedern der Firma Cellba sind sternförmig angeordnete eingeprägte Rillen an der Gelenkscheibe – dort befindet sich auch die Größenangabe der Glieder.

Die Arme in Abbildung G gehören zu einer frühen Cellba-Puppe um 1930. Sie sind leicht angewinkelt, die Finger fast geschlossen, nur der Daumen steht ab. Die Finger sind fein modelliert. Kennzeichnung: 31/32 (= Größe).

Der Arm in Abbildung H gehört zu einer Cellba-Puppe aus der Zeit zwischen 1940 und 1950. Auffallend: Die Modellierung an den Fingern ist gegenüber früher minimal, die Finger sind auseinandergestreckt, nur Mittel- und Rinfinger sind noch etwas geschlossen. Kennzeichnung: 46 (= Größe).

Der Arm in Abbildung I gehört zu einer Cellba-Puppe nach 1950. Auffallend: Alle Finger sind gespreizt – es sind plumpe Finger –, die Modellierung fehlt fast ganz. Kennzeichnung: 24 (= Größe).

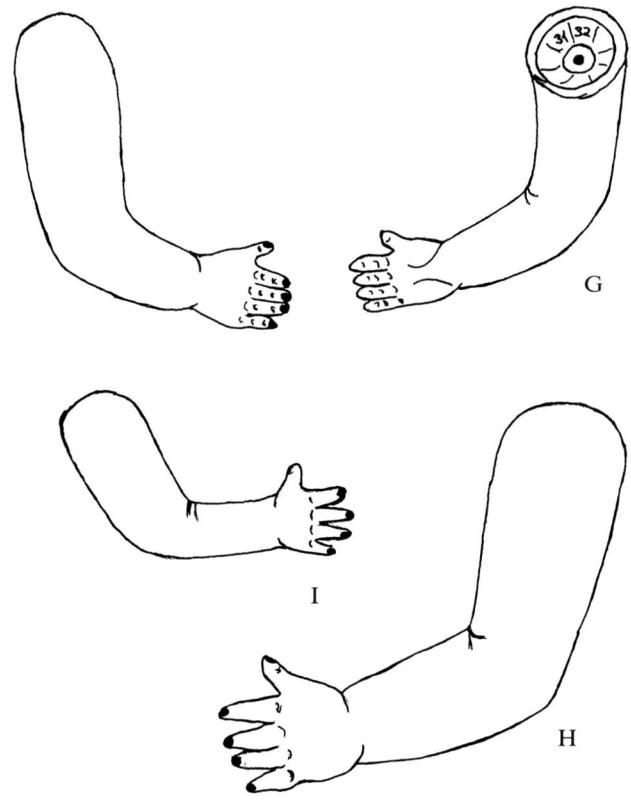

Sternförmig angeordnete Rillen an den Gelenkscheiben sind das Erkennungsmerkmal von Originalgliedern der Firma Cellba.

19

Deutsche Zelluloidpuppenhersteller
und ihre Marken

Eine Aufstellung der Puppenhersteller und -fabriken ist schwierig und wird wohl immer unvollständig sein, denn zu keiner Zeit sind alle Betriebe erfaßt und registriert worden und einige lieferten auch unter anderem Namen ihre Produkte auf den Weltmarkt. Außerdem haben die beiden Weltkriege, mancher Besitzerwechsel und, verursacht durch die leichte Entflammbarkeit des Materials, mehrere Brandkatastrophen in verschiedenen Zelluloidfabriken viele Spuren verwischt. Selbst mit den noch vorhandenen alten Katalogen ist kein vollständiger Überblick mehr möglich, zuviel ging verloren, wurde vernichtet, ist verbrannt oder einfach verschwunden.

Einige der aufgeführten Hersteller haben ihre Zelluloidpuppen nicht selbst produziert, sondern bei der «Rheinischen Gummi- und Celluloidwarenfabrik» nach eigenen Modellen Rohlinge, meist Puppenköpfe, anfertigen lassen, sie weiterverarbeitet und damit ausgestattete Puppen neben selbst hergestellten Porzellan-, Metallkopf- oder Pappmachépuppen vertrieben. Eine ganze Reihe von Puppenköpfen und -teilen mit der Schildkrötmarke ging so an andere Firmen, ohne daß man die gewiß nicht geringe Anzahl dieser Weiterverarbeiter heute noch exakt nachweisen könnte, so daß bezüglich der Kennzeichnung ein Durcheinander entstand, das schwer zu ordnen ist.

Im nachfolgenden Bildteil werden die wichtigsten Firmennamen nebst kurzer Firmengeschichte, die dazugehörigen Markenzeichen, deren zeitlich bedingte Veränderungen und die entsprechenden Zelluloidpuppen, die nach Alter geordnet sind, vorgestellt und durch zahlreiche Abbildungen veranschaulicht.

Marktwert und Preisangabe

Sammeln kostet Geld, das weiß jeder Sammler aus eigener Erfahrung. Es bedeutet aber auch, Kapital anzulegen

Die Preise für Zelluloidpuppen sind in den letzten Jahren in die Höhe geklettert, da der Sammlerkreis größer wurde und durch die höhere Nachfrage das Angebot zwangsläufig nicht mehr so umfangreich war. Genauere Informationen zur Marktsituation kann man über die verschiedenen Auktionshäuser bekommen, die zu ihren Spielzeugauktionen Kataloge und anschließend Ergebnislisten herausgeben. Diese sind besonders aufschlußreich, denn hier werden einzelne Puppen erfaßt und im derzeitigen Kurswert festgelegt.

Entsprechend der gegenwärtigen Marktlage werden die im Buch abgebildeten Zelluloidpuppen verschiedenen einzeln aufgeführten Preisgruppen zugeordnet. Diese Angaben gelten nur für das jeweils abgebildete Puppenmodell und können nicht auf größenmäßig abweichende Varianten oder ähnliche Modelle angewandt werden. Auch setzen die Preisangaben einen guten bis sehr guten Erhaltungszustand der abgebildeten Zelluloidpuppen voraus (Ausnahmen sind eigens erwähnt).

Charakteristika für einen guten bis sehr guten Erhaltungszustand: Die Puppe ist im Originalzustand (eventuell mit Ersatzgliedern, die in Größe, Farbe und Marke identisch sind), vollständig, unbeschädigt (eventuell sachgemäß repariert), die Bemalung entsprechend dem Alter gut erhalten bis leicht abgespielt.

Mit einer Wertminderung bis weit über fünfzig Prozent des gegenwärtigen Marktwertes ist zu rechnen bei einem schlechten, gerade noch sammelwürdigen Erhaltungszustand einer Zelluloidpuppe.

Charakteristika für einen schlechten Erhaltungszustand: Die Puppe ist unvollständig, beschädigt, unsachgemäß repariert oder so stark abgespielt, daß die ganze Bemalung abgerieben ist. Oder: Die Puppe ist nicht im Originalzustand, sie wurde verfremdet, das heißt, fehlende oder beschädigte Teile wurden durch falsche ersetzt (Farbe, Größe, Marke oder alles zusammen stimmt nicht mit denjenigen der Puppe überein). Beispiel: Eine aus verschiedenen Einzelteilen zusammengestückelte Zelluloidpuppe, wie man sie leider sehr oft sieht, ist auch nur so viel wert wie ihre einzelnen Teile.

Preisgruppen

A	20 bis 40 DM	F	251 bis 350 DM
B	41 bis 60 DM	G	351 bis 500 DM
C	61 bis 100 DM	H	501 bis 750 DM
D	101 bis 150 DM	J	751 bis 1000 DM
E	151 bis 250 DM	K	1001 bis 2500 DM

Lp = Liebhaberpreis

Bei seltenen und gesuchten Puppen ist eine Preisangabe oft nicht möglich, weil die Marktlage keine Erfahrungswerte liefert. In diesen Fällen ist ein Liebhaberpreis anzunehmen, der als «Lp» bezeichnet ist. Diese Angabe muß jedoch nicht automatisch bedeuten, daß der Preis unbeschreiblich hoch ist; denn was nützt ein hoher Preis, wenn niemand bereit ist, ihn zu bezahlen!

Alt, Beck & Gottschalck

Porzellanfabrik, Nauendorf/Thüringen
Zelluloidpuppen ca. 1920–1930

Im Jahre 1854 gründeten Gottlieb Beck und Theodor Gottschalck in Nauendorf-Ohrdruf eine Porzellanfabrik. Sie stellten neben Biskuitporzellanköpfen, die auf Leder- oder Gliederkörpern befestigt wurden, auch Ganzbiskuitpuppen mit fri-
sierten Biskuitköpfen in verschiedenen Größen und Ausführungen, mit beweglichen Gliedern oder unbeweglich (Bade-
puppen) her. Die Firma erhielt im Laufe ihrer Produktionsjahre einige Patente, unter anderem für Vorrichtungen zum Einsetzen von Augen, Stimmen und Zungen und für Jungen- und
Mädchenköpfe mit modelliertem Haar.

Die meisten Puppen von Alt, Beck & Gottschalck wurden
exportiert und sind deshalb in Deutschland relativ selten. Nach

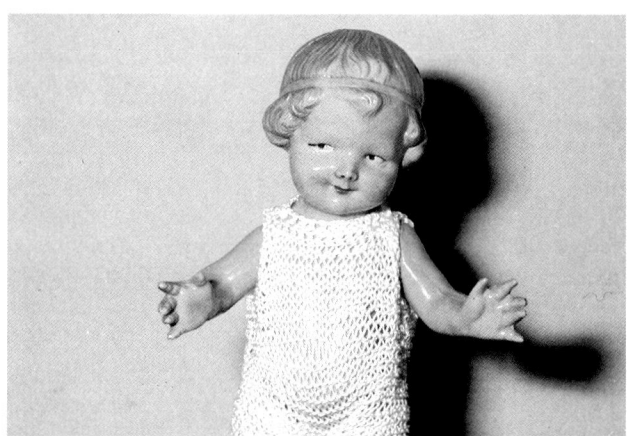

Um 1920 · Arme und Beine mit Scheibengelenken · feststehender Kopf · fein
modellierte Haare mit grünem Haarband · modellierte Schuhe mit Schleife ·
modellierte Söckchen · gemalte, seitwärts blickende Augen · geschlossener
Mund
20 cm · Preisgruppe F · Körpermarke:
Monogramm Alt, Beck & Gottschalck

1920 fertigte die Firma hauptsächlich Puppen für den amerikanischen Markt. Aus dieser Zeit stammt wohl auch die hier abgebildete Zelluloidpuppe mit dem Haarband, die Kopie einer
Ganzbiskuitpuppe von Alt, Beck & Gottschalck. Charakteristisch sind die kunstvoll modellierten Haare mit Haarband und
die abgespreizten Hände und Finger, wie sie auch bei Porzellanpuppen derselben Marke vorkommen.

Ob es noch andere Zelluloidversionen von Biskuittypen der
Firma Alt, Beck & Gottschalck gibt, ist leider nicht bekannt –
aber sicher sind es nicht viele. Die Firma hat diese Zelluloidpuppen nicht selbst hergestellt, sondern wie viele andere Firmen auch fertigen lassen, und zwar bei der Firma Hagedorn in
Osnabrück, die in den zwanziger und dreißiger Jahren Zelluloidpuppen nicht nur produzierte, sondern auch vertrieb.

Die Firma Alt, Beck & Gottschalck hat noch bis etwa 1930
bestanden.

Um 1920/25 · Arme und Beine mit
Scheibengelenken · feststehender
Kopf · modellierte Haare · modellierte
Schuhe und Söckchen · gemalte, seit-
wärts blickende Augen · geschlossener
Mund · (Arme nicht original)
16 cm · Preisgruppe C · Körpermarke:
Monogramm Alt, Beck & Gottschalck

Um 1920
Mittlere Figur: Fein geprägtes Zellu-
loid · gemalte, seitwärts blickende
Augen · 10 cm · Körpermarke: Alt,
Beck & Gottschalck
Rechte und linke Figur: Zwei Stehauf-
püppchen (ungemarkt)
Preisgruppe A

Bayerische Celluloidwarenfabrik
Vormals Albert Wacker AG, Nürnberg
Zelluloidpuppen ca. 1910–1915

Die Bayerische Celluloidwarenfabrik, vormals Albert Wacker AG, arbeitete ab 1904 über zwanzig Jahre lang und stellte nach 1925 ihren Betrieb ein. Ihr Markenzeichen war ein dickes W im Kreis. Die Fabrik produzierte unter anderem ein kleines Sortiment von Puppen und Spielwaren. Es waren Ganzzelluloidpuppen mit mehr oder weniger modellierten Haaren und gemalten Augen. Es ist leider nicht bekannt, wie viele verschiedene Typen hergestellt wurden, sicher ist aber, daß Zelluloidpuppen dieser Herkunft heute selten zu finden sind.

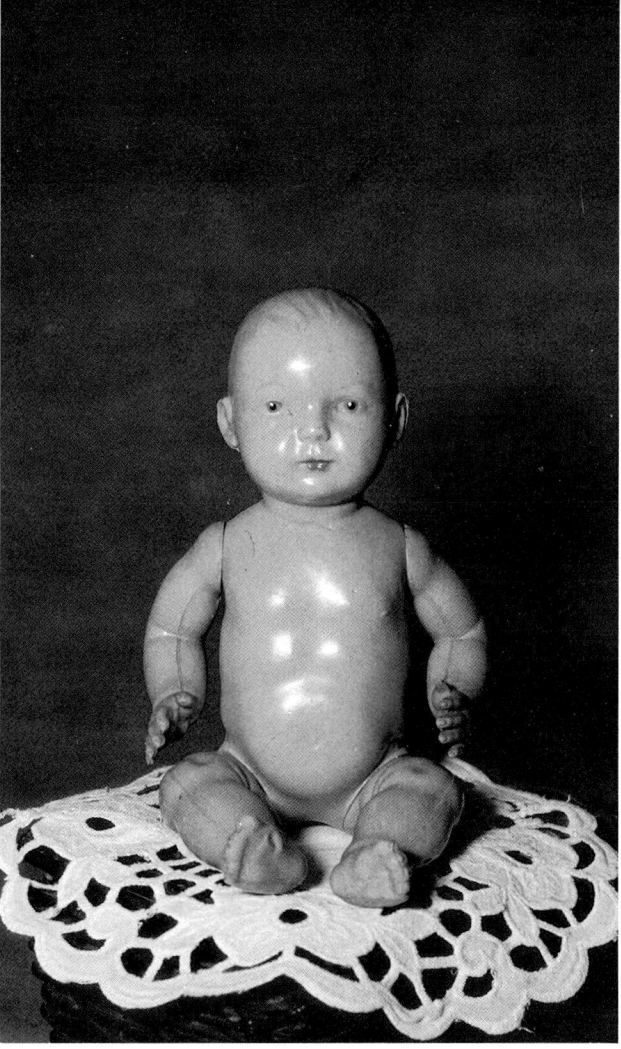

Um 1910/15 · Arme und Beine mit Scheibengelenken · Körper und Glieder schön ausmodelliert · festehender Kopf · leicht modellierte Haare · gemalte blaue Augen · geschlossener Mund 17,5 cm · Preisgruppe E

Körpermarke:
W im Kreis
Germany
17½

Buschow & Beck – «Minerva»

Puppen- und Spielwarenfabrik
Reichenbach/Schlesien, später Nossen/Sachsen
Zelluloidpuppen 1900–1950

Zelluloidschulterköpfe, die nur vorne am Hals mit dem «Helm» und hinten mit «deponirt» gemarkt sind, wurden noch von der «Rheinischen» für Buschow & Beck hergestellt, und zwar vor 1903. Für Puppen nach 1903 aus der eigenen Produktion von Buschow & Beck gilt: «Helm» und die Bezeichnung «Germany» befinden sich untereinander hinten an Hals oder Körper der Puppe (bei Schulterköpfen: Helm vorne, «Germany» hinten). Bei späteren Puppen, nach 1930, ist der Schriftzug «Minerva» bogenförmig über oder unter dem Helm angeordnet.

Die Firma wurde 1890 von Wilhelm Buschow und Friedrich Beck in Reichenbach/Schlesien gegründet. Sie begann mit der Herstellung von unzerbrechlichen, leichten Puppenköpfen, die aus Metall gepreßt und dann emailliert wurden. Es gab zwei Sorten dieser Köpfe, solche mit gepreßten und gemalten Haaren und solche mit Perücken. Ab 1894 wurde das Warenzeichen «Minerva» für die Blechkopfpuppen benutzt, und 1896 verlegte die Firma ihre Produktionsstätte von Reichenbach nach Nossen/Sachsen, um näher bei der thüringischen Puppenindustrie zu sein. Die Firma meldete unter anderem folgende Patente an: Patent für einen Zelluloidüberzug an Metallkopfpuppen, wobei der Blechkopf in mit Aceton aufgelöstes Zelluloid getaucht wurde, das am Kopf haften blieb, trocknete und so einen festen Überzug bildete. Der Vorteil dabei war, daß das Blech vor zu schnellem Rosten bewahrt wurde. Patent für verschiedene Puppenköpfe aus Zelluloid und später, 1904, ein Patent für einen Kugelgelenkkörper aus Zelluloid. Sein Vorteil: Er war billig herzustellen, leicht zusammenzusetzen und haltbar.

Obwohl die Firma Buschow & Beck schon von Beginn an mit Zelluloid experimentierte, mußte sie ihre Zelluloidköpfe (nach eigenem Entwurf) und das Rohzelluloid zum Überziehen der Blechköpfe von der Rheinischen Gummi- und Celluloidwarenfabrik kaufen, da diese das absolute Monopol bei der Zelluloidproduktion in Deutschland besaß und keinen Konkurrenten zuließ. Doch Buschow & Beck experimentierte trotzdem weiter mit Zelluloid und hat Wesentliches zur Entwicklung der Zelluloidpuppe beigetragen. Es gelang der Firma dann ab 1903 trotz großer Schwierigkeiten mit der «Rheinischen», die ihr aus Protest schon vorher kein Zelluloid mehr geliefert hatte, Zelluloid nach eigenem Verfahren herzustellen.

Es wurden weiterhin Blechkopfpuppen mit Zelluloidüberzug hergestellt, dann auch Zelluloidköpfe mit gemalten Augen und geprägten Haaren und Ganzzelluloidpuppen in verschiedenen Ausführungen. Sehr auffallend und einzigartig sind dabei die vielen kleinen Puppenstubenpüppchen, die es in allen Variationen und mit aufwendigen, bis ins kleinste Detail gehenden Modellierungen gab.

1927 verkaufte Buschow & Beck das «Original Trinkbebi», hergestellt von der Hermsdorfer Celluloidwarenfabrik (DADA). Es ist daher anzunehmen, daß diese Firma von Buschow & Beck übernommen wurde. Buschow & Beck selbst hat noch bis etwa 1950 Zelluloidpuppen produziert.

Die auf Seite 27 abgebildete seltene und sehr gut erhaltene «Minerva»-Puppe aus der Zeit um die Jahrhundertwende ist auf Seite 28 näher beschrieben.

Um 1900 · Lederkörper · Kniegelenke
mit Zwickel · Unterarme aus Zelluloid
mit Ellbogengelenk · Zelluloidschulterkopf mit modellierten Haaren · gemalte blaue Augen · offener Mund mit
Zelluloidzähnchen
28 cm · Preisgruppe J

Halsmarke vorne: Helm

      hinten: Deponirt
                        2

Um 1910 · Stoffkörper · Kniegelenke mit Zwickel · Zelluloidschulterkopf mit modellierten Haaren und modelliertem Bart · geprägte braune Augen · geschlossener Mund
25 cm · Preisgruppe F

Halsmarke vorne: Helm

hinten: Germany
0

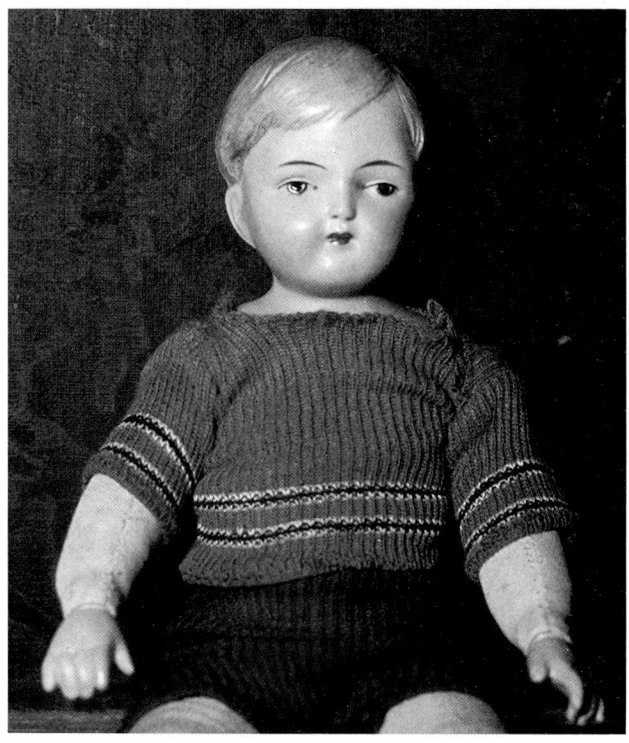

Um 1910 · Stoffkörper · Zelluloidhände · Zelluloidschulterkopf mit modellierten Haaren · geprägte braune Augen · geschlossener Mund
30 cm · Preisgruppe F

Halsmarke vorne: Helm
hinten: Germany

Um 1910/20 · Lederkörper · Unterarme aus Composition · Zelluloidschulterkopf mit fein modellierten Haaren · geprägte blaue Augen · geschlossener Mund
50 cm · Preisgruppe H

Halsmarke vorne: Helm
       hinten: GERMANY

Um 1910/20 · Lederkörper · Unterarme aus Zelluloid · Zelluloidschulterkopf mit fein modellierter Frisur · geprägte blaue Augen · geschlossener Mund
40 cm · Preisgruppe H

Halsmarke vorne: Helm
       hinten: Germany

Seite 31: Um 1910/20 · Ganz aus Zelluloid · Arme und Beine beweglich auf Scheibengelenken · feststehender Kopf mit geprägten Locken · gemalte blaue Augen · geschlossener Mund · geprägte Strümpfe und Schuhe
18 cm · Preisgruppe F
                Helm
Körpermarke: GERMANY
                18

Sitzbaby um 1910/20 · Arme und Beine mit Scheibengelenken · feststehender Kopf · fein modellierte Haare · geprägte blaue Augen · offen-geschlossener Mund · Körper und Glieder sehr schön ausmodelliert

25 cm · Preisgruppe F

Körpermarke:	Helm GERMANY 25

Sitzbaby um 1910/20 · Arme und Beine mit Scheibengelenken · feststehender Kopf · sehr fein modellierte Haare · geprägte braune Augen · geschlossener Mund · sehr fein modellierter Körper Derselbe Puppentyp wurde auch mit offen-geschlossenem Mund und geprägten Zähnchen und mit Kurbelkopf als Stehbaby, Größe 40 cm, hergestellt.

16,5 cm · Preisgruppe E

Körpermarke:	Helm 16½ GERMANY

Seite 33: Um 1915 (mit Zelluloidhund) · Ganz aus Zelluloid · Arme und Beine beweglich auf Scheibengelenken · feststehender Kopf mit Mohairperücke · gemalte blaue Augen · modellierte Schuhe und Söckchen

18 cm · Preisgruppe E

Körpermarke:	Helm GERMANY 18

Püppchen um 1910/20

Links: Arme und Beine mit Scheibengelenken · feststehender Kopf · auf-
wendig modellierte Haare · modellierte
Schuhe und Söckchen · gemalte braune Augen · geschlossener Mund
13 cm · Preisgruppe D
                                    Helm
Körpermarke: 13
                              GERMANY

Rechts: Arme und Beine mit Scheibengelenken · feststehender Kopf · modell-
lierte Schuhe und Söckchen · gemalte
blaue Augen · geschlossener Mund ·
Kleidung original
11 cm · Preisgruppe D
                                    Helm
Körpermarke: GERMANY
                               11

Hinten: Arme und Beine mit Scheibengelenken · feststehender Kopf · Mohairperücke · gemalte braune Augen ·
modellierte Schuhe und Söckchen
13 cm · Preisgruppe C
                                    Helm
Körpermarke: 13
                              GERMANY

Steh- und Sitzpüppchen um 1910/20

Links: Junge · nur Arme beweglich ·
modellierte Haare · gemalte blaue
Augen · geschlossener Mund
10,5 cm · Preisgruppe C
                                    Helm
Körpermarke: 10½
                              GERMANY

Rechts: Mädchen · nur Arme beweglich · modellierte Haare mit Haarband
· gemalte blaue Augen · geschlossener
Mund
8 cm · Preisgruppe B
                                    Helm
Körpermarke: 8
                              GERMANY

Mitte: Sitzbaby · unbeweglich · modellierte Haare · gemalte braune Augen ·
geschlossener Mund
6 cm · Preisgruppe A
                                    Helm
Körpermarke: 6
                              GERMANY

Puppenstubenpüppchen um 1910/20

Ganz aus Zelluloid · Arme (immer)
und Beine (meistens) beweglich · feststehender Kopf · modellierte Haare
und Haarband oder Orginal-Mohair-
perücken · teilweise Originalkleidung ·
modellierte Schuhe und Söckchen · gemalte Augen · geschlossener Mund
6–9 cm · Preisgruppe A

Körpermarken: Helm
                      Größe
                 GERMANY

Seite 36 und 37:
Gruppen aus diesen Püppchen

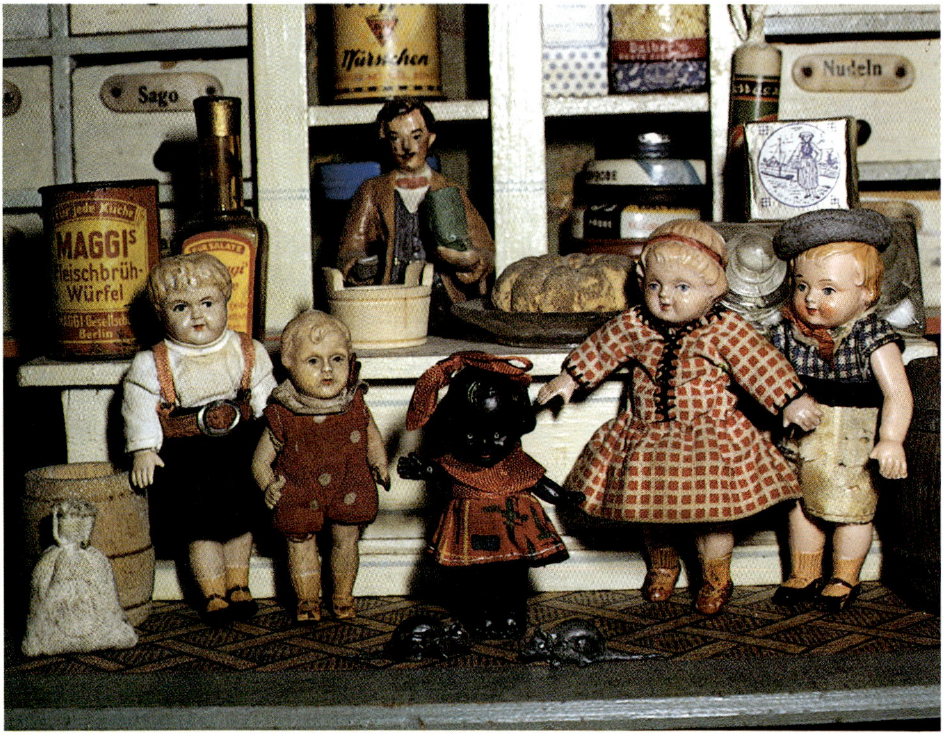
Sago
Nudeln
Für jede Küche
MAGGIs
Würfel
Berlin

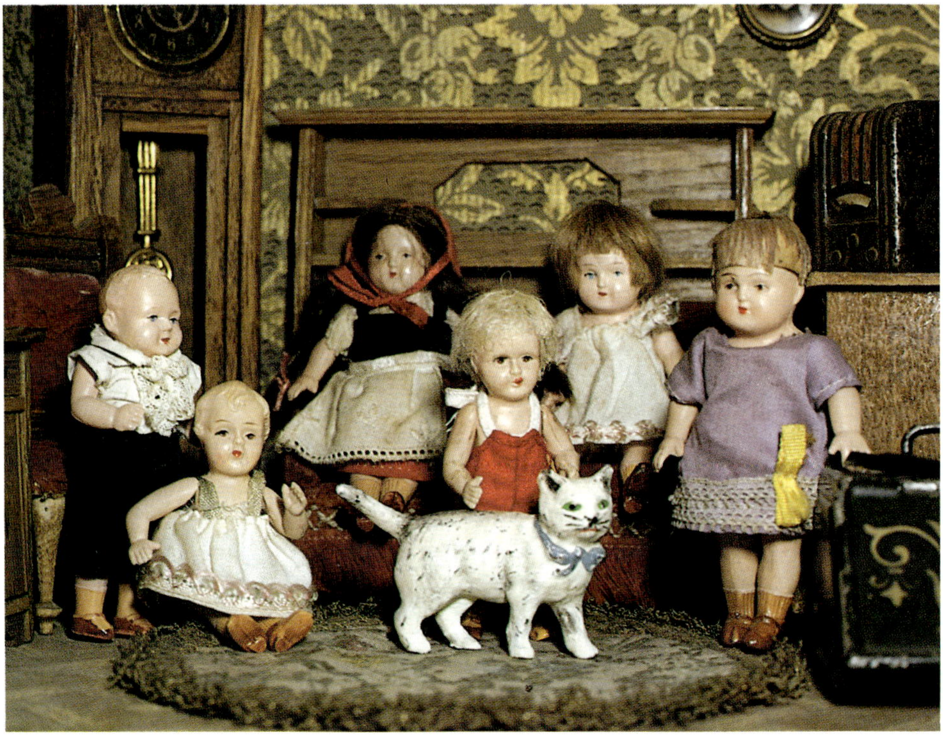

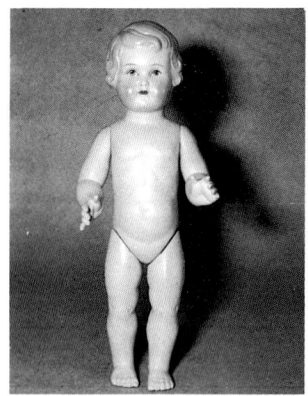

Um 1925/30 · Arme und Beine mit
Scheibengelenken · feststehender
Kopf · modellierte blonde Haare · ge-
prägte blaue Augen · geschlossener
Mund
30 cm · Preisgruppe E

Körpermarke:
Helm
30
GERMANY

Um 1925 · Junge · Stoffkörper mit beweglichen Beinen (Scheibengelenke) ·
Zelluloidarme · Zelluloidkurbelkopf ·
modellierte braune Haare · modellierte
Augenbrauen · geprägte blaue Augen ·
zweifarbig gemalter Mund
30 cm · Preisgruppe F

Halsmarke:
Helm
GERMANY
No 4
30

Negerpuppe um 1920/30 · Arme und
Beine mit Scheibengelenken · feststehender Kopf · leicht modellierte
schwarze Haare · geprägte braune
Augen · geschlossener Mund
20 cm · Preisgruppe D/E

Körpermarke:
Helm
18/20
GERMANY

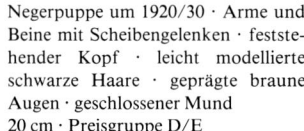

Um 1930/35 · Junge · Soffkörper · Arme und Beine mit Scheibengelenken · Zelluloidkurbelkopf · modellierte Haare · geprägte braune Augen · offen-geschlossener Mund
42 cm · Preisgruppe F

Halsmarke:
Helm
No 7
42
Germany

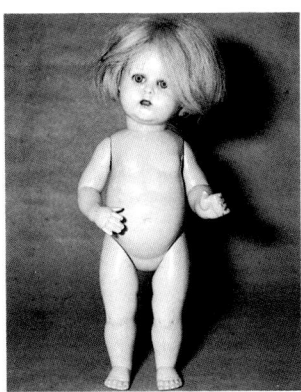

Um 1935 · Mädchen · Arme und Beine mit Scheibengelenken · Zelluloidkurbelkopf · blonde Echthaarperücke · blaue Schlafaugen mit Wimpern · offener Mund mit Zelluloidzähnchen
32 cm · Preisgruppe F

Halsmarke:	Körpermarke:
Helm	Helm
No 4	30
30	Germany 32

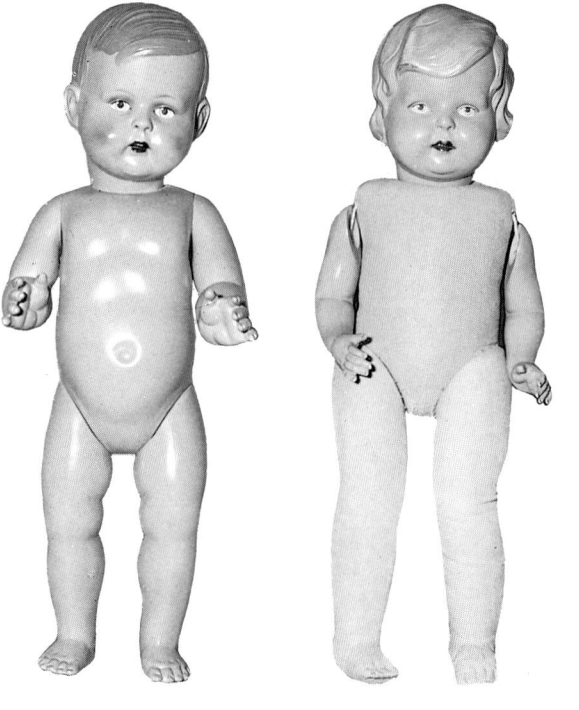

Links: Junge um 1940· Arme und Beine mit Scheibengelenken · Kurbelkopf
· modellierte braune Haare · geprägte
blaue Augen · offen-geschlossener
Mund · gemalte Zähnchen
37 cm · Preisgruppe F

Halsmarke:
Helm
No 5
36
Germany

Körpermarke:
Helm
Minerva
Germany
37

Rechts: Mädchen um 1935 · Stoffkörper · Stoffbeine mit Scheibengelenken
· Zelluloidarme · Zelluloidkurbelkopf
· modellierte blonde Haare · geprägte
blaue Augen · offen-geschlossener
Mund mit modellierten Zähnchen
36 cm · Preisgruppe E

Halsmarke:
Helm
No 5
Germany
36

Bei der Mädchenpuppe auffallend gut
modellierte Haarfrisur, auch hinten!

Um 1935 · Arme und Beine mit Scheibengelenken · feststehender Kopf ·
modellierte blonde Haare · geprägte
blaue Augen · offen-geschlossener
Mund mit gemalten Zähnchen · gemalte Schuhe und Söckchen
18 cm · Preisgruppe D

Körpermarke:

Minerva
Helm
Germany
18/20

Um 1935 · Arme und Beine mit Scheibengelenken · Kurbelkopf · modellierte rötliche Haare · geprägte braune Augen · geschlossener Mund · (Körper
nicht original)
30 cm · Preisgruppe D

Halsmarke:

Helm
Germany
4

Seite 41 : Um 1935/40 · Arme und Beine
mit Scheibengelenken · Kurbelkopf ·
modellierte weißblonde Haare · feststehende blaue Glasaugen mit Wimpern · geschlossener Mund
37 cm · Preisgruppe E

Halsmarke:

Helm
No 5
37
Germany

Körpermarke:

Helm
Minerva
Germany
37

Um 1935/40 · Arme und Beine mit Scheibengelenken · feststehender Kopf · sehr schön modellierte Frisur · geprägte blaue Augen · geschlossener Mund
25 cm · Preisgruppe F

Körpermarke:
Helm
Minerva
Germany
25

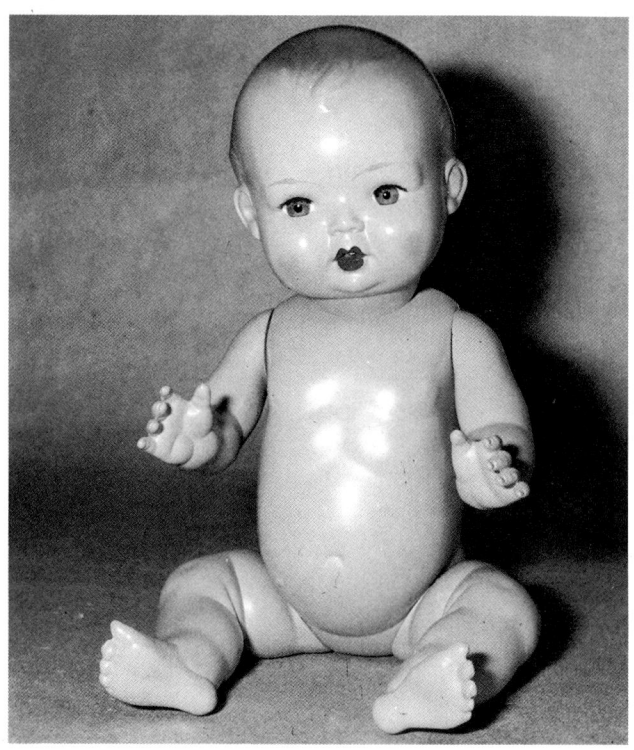

Babypuppe um 1940/50 · Arme und Beine mit Scheibengelenken · Kurbelkopf · leicht modellierte rötliche Haare · blaue Schlafaugen mit Wimpern · offener Mund mit Zähnchen
Diesen Puppentyp gab es als Steh- und Sitzbaby, mit feststehendem Kopf oder Kurbelkopf und in vielen verschiedenen Größen (siehe S. 44 und 45).
36 cm · Preisgruppe F

Hals- u. Körpermarke:
Minerva
Helm
36

Seite 44 und 45: Doppelseite aus einem «Minerva»-Händlerkatalog mit Bestellnummern und Größenangaben.

3860¹/₂ A/32   3761 Sch/47   3861 W/37

3740/23¹/₂   3740/20   3740/18   3760¹/₂ A/30

7633 AW/37

7632 AW/37

7636 AW/32

7525 Sch/47

7520/18   7637/22¹/₂   7524 AW/36   7526/20   7630/20

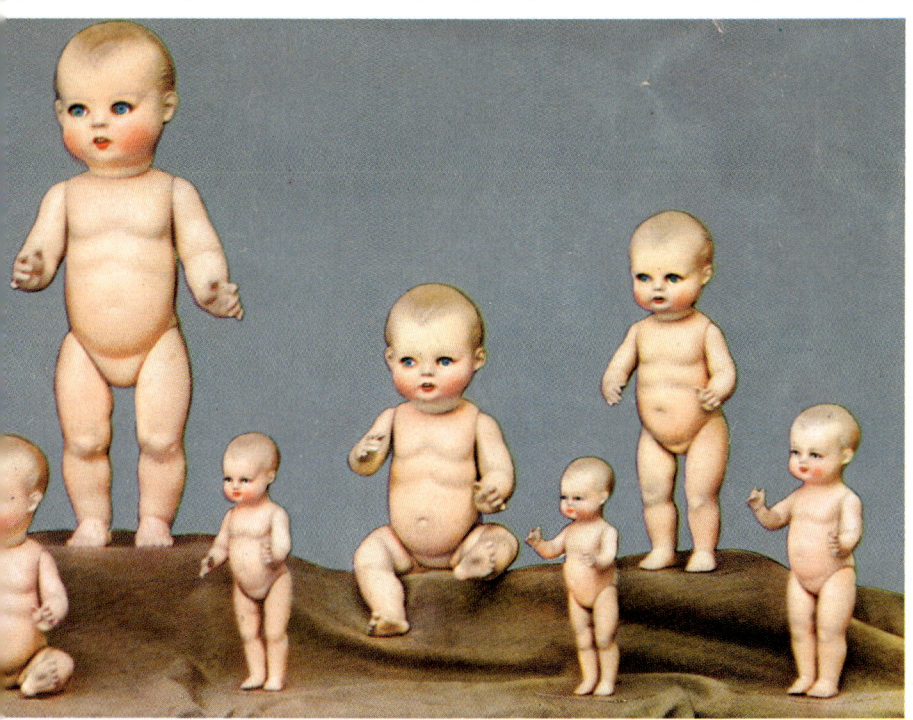

/30 3861 Sch/48 3760¹/₂/36 3860/32

3840/22¹/₂ 3840/20 3840/25

7635 AW/37 7523 AW/36

7521/23¹/₂ 7631/25¹/₂ 7522 AW/30 7634 Sch/48

Cellba

Celluloidwarenfabrik Babenhausen – Schutzmarke «Nixe»
Zelluloidpuppen 1925–1960

Altes Zeichen bis 1935

Zeichen nach 1935

Cellba-Anzeige in einem Spielzeugkatalog von 1956 zur 7. deutschen Spielwarenfachmesse in Nürnberg

Die Firma Cellba wurde im Jahre 1925 von den Herren Schöberl und Becker gegründet und hieß ursprünglich Firma Schöberl & Becker. Becker kam von der «Rheinischen» aus Mannheim, wo er als Modelleur gearbeitet hatte, trennte sich aber später wieder von der Firma. Sein Nachfolger wurde ein Modelleur namens Gannsle. Dessen Tochter Sonja, die während des Zweiten Weltkriegs mit sechzehn Jahren bei einem Luftangriff ums Leben kam, stand Modell für viele Puppentypen.

Von Produktionsbeginn an wurden Zelluloidpuppen in verschiedenen Ausführungen selbst hergestellt, in den Jahren 1929–31 besonders viel in Heimarbeit, bei der Firma selbst lagen nur Produktion und Montage. Die Heimarbeit wurde vorwiegend von Frauen ausgeführt, den sogenannten Cellba-Mädels. Die Firma stand in hartem Konkurrenzkampf mit der Rheinischen Gummi- und Celluloidwarenfabrik, die vor allem nach 1930 sehr ähnliche Puppenmodelle herstellte.

Die Puppenproduktion der Firma Cellba begann mit Zelluloidschulterköpfen mit geprägten Haaren, gemalten oder Glasaugen. Etwas später entstanden dann die Ganzzelluloidpuppen mit feststehendem Kopf oder Kurbelkopf und beweglichen Gliedern. Auffallend und einmalig sind die verschiedenen Neger- und Mulattenpuppen aus Zelluloid, deren Herstellung nach 1933 verboten wurde, und die lustigen Googlie-Puppen mit dem expressiven Blick. 1935 entstanden die Gretchenpuppen und 1936 die Olympiapuppen anläßlich der Olympiade in Berlin. 1939 wurde die Herstellung wegen Kriegsproduktion eingeschränkt, 1944 wurde das Hauptgebäude zerbombt und erst nach dem Krieg wieder aufgebaut. Die Firma Cellba erwarb unter anderem Patente für verschiedene Verbindungen von Puppengliedern aus Zelluloid sowie für diverse Puppenkopftypen aus Zelluloid mit Glasaugen und gemalten Augen.

Das Markenzeichen von Cellba war die «Nixe». Dieses Zeichen hat sich im Laufe der Produktionsjahre verändert, und dadurch ist es heute möglich, die Zelluloidpuppen Marke «Nixe» ganz grob in zwei Altersgruppen einzuordnen:

○ Erste Altersgruppe, 1925–1935: Vor 1935 wirken die Arme der Meerjungfrau wie die Schwingen eines Vogels, die einzelnen Federn sind deutlich zu erkennen.

○ Zweite Altersgruppe, nach 1935: Nach 1935 wurde die Form der Nixe vereinfacht – die Arme wirken jetzt wie Flügel, die ähnlich einer Krone umrandet sind.

Die Celluloidwarenfabrik Babenhausen produzierte bis nach 1955. In den letzten Jahren entstanden aber nur noch Puppen aus den zelluloidähnlichen Kunststoffen Cellidor und Tortulon.

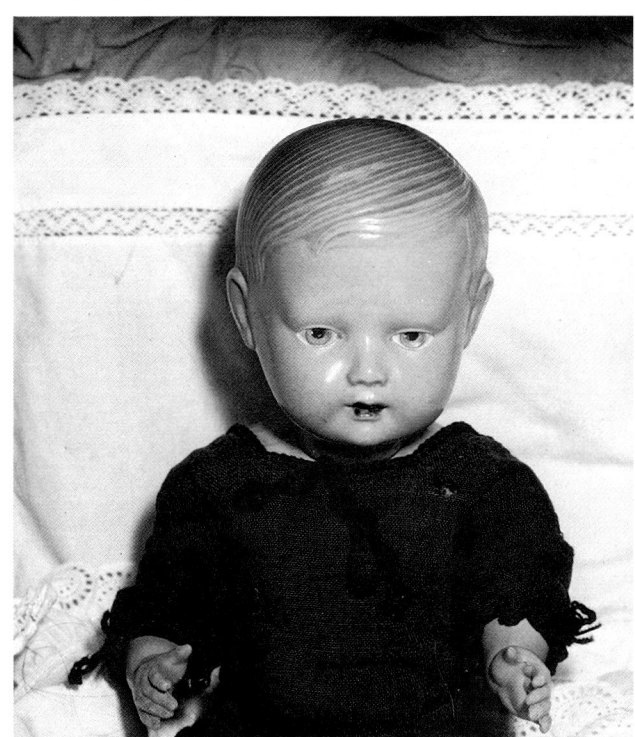

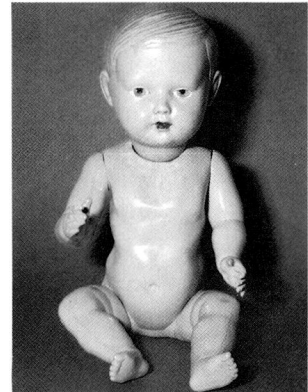

Um 1928 · Babykörper · Arme und Beine mit Scheibengelenken · Kurbelkopf · modellierte bräunliche Haare · geprägte blaue Augen · offen-geschlossener Mund
31 cm · Preisgruppe F

Halsmarke:	29
	D.R.P.a
	Germany
Körpermarke:	Nixe (alt)
	29
	31

Puppen um 1928

Links dieselbe Puppe wie oben.
Rechts: Negerversion dieser Puppe · braunes Zelluloid · modellierte schwarze Haare · geprägte braune Augen
31 cm · Preisgruppe F

Halsmarke:	29
	D.R.P.a.
	Germany
Körpermarke:	Nixe (alt)
	29
	31

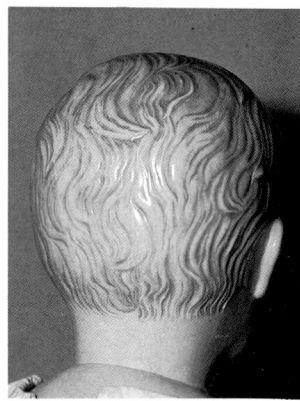

Sitzbaby um 1928/30 · Arme und Beine mit Scheibengelenken · sehr schön modelliert · Kurbelkopf · modellierte rötliche Haare · geprägte blaue Augen · offener Mund mit modellierter Zunge und sechs Zähnchen
50 cm · Preisgruppe G

Körpermarke:
D.R.P.
Germany
Nixe (alt)
50

Sitzbaby um 1928/30 · Arme und Beine mit Scheibengelenken (rechter Arm nicht original) · Kurbelkopf · modellierte helle Haare · geprägte blaue Augen · geschlossener Mund
26 cm · Preisgruppe E

Halsmarke: 24

Körpermarke:
D.R.P.
Germany
Nixe (alt)
24
26

Seite 49: Googlie-Puppe um 1930/35 · Kopf und Beine feststehend · gedrungener, grotesker Körper mit übergroßen Füßen · bewegliche Arme mit «Seesternhänden» · modellierte Haare · geprägte, seitwärts blickende blaue Augen · geschlossener Mund
17,5 cm · Preisgruppe F

Körpermarke:
D.R.P.
Germany
Nixe (alt)
17½

CELLBA

Googlie-Puppe um 1930/35 · Kopf,
Körper und Beine an einem Stück, unbeweglich · bewegliche Arme mit «See-
sternhändchen» · modellierte Schuhe
und Söckchen · modellierte Haare · gemalte, seitwärts blickende blaue
Augen · geschlossener Mund
18 cm · Preisgruppe E

	18
Körpermarke:	Germany
	D.R.P.
	Nixe (alt)

Unten rechts: Um 1925 · Lederkörper ·
Kniegelenke mit Zwickel · Unterarme
aus Zelluloid mit Ellbogengelenk · Zelluloidschulterkopf · modellierte rötlichbraune Haare · feststehende blaue
Glasaugen · geschlossener Mund
55 cm · Preisgruppe H

	Nixe (alt)
Halsmarke:	119/16
	Germany

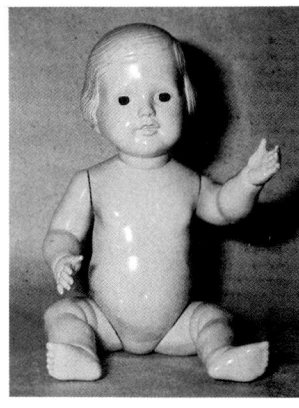

Um 1927/30 · Krumme Beine · Scheibengelenke · Kurbelkopf · modellierte
Haare · feststehende blaue Glasaugen ·
offen-geschlossener Mund
36 cm · Preisgruppe F

	34
Halsmarke:	36

	D.R.P.
	Nixe (alt)
Körpermarke:	Germany
	34
	36

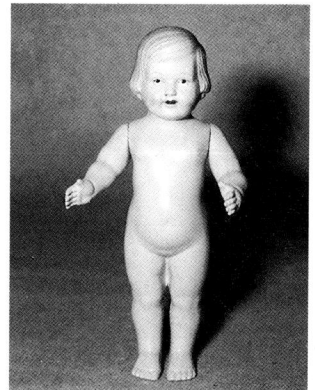

Stehpuppe um 1926 · Kopf, Körper und Beine an einem Stück · Arme beweglich · modellierte Haare · geprägte blaue Augen · geschlossener Mund 20 cm · Preisgruppe E

Körpermarke:
Nixe (alt)
D.R.P.
Germany
20

Hochzeitspaar aus zwei der oben beschriebenen Stehpuppen

Puppen um 1930/35

Links: Junge · feststehender Kopf · Arme und Beine mit Scheibengelenken · modellierte Haare · geprägte blaue Augen · offen-geschlossener Mund mit aufgemalten Zähnchen 26,5 cm · Preisgruppe E

Körpermarke:
D.R.P.
Nixe (alt)
Germany
26½

Rechts: Mädchen in gleicher Ausführung · 24 cm · Preisgruppe E

Körpermarke:
Nixe (alt)
22½
24

Negerpuppen 1930 · Babykörper aus braunem Zelluloid · Arme und Beine mit Scheibengelenken · feststehender Kopf · modellierte schwarze Haare · geprägte braune Augen · offen-geschlossener Mund mit aufgemalten Zähnchen · durchstochene Ohrläppchen · Preisgruppe D
Linke Puppe 20 cm

Körpermarke:	Nixe (alt)
	D.R.P.a.
	Germany
	18
	20

Rechte Puppe 15 cm

Körpermarke:	D.R.P.
	Nixe (alt)
	Germany
	15

Unten: Negerpuppe um 1928/30 · Braunes Zelluloid · Arme und Beine mit Scheibengelenken · Kurbelkopf · modellierte schwarze Haare · geprägte braune Augen · offen-geschlossener Mund · durchstochene Ohrläppchen mit Ohrringen
Auffallend sind die langgezogenen, schalenförmigen Scheibengelenke an den Beinen. Sie bewirken, daß die Puppe besser steht und daß die Beine beim Sitzen nicht so weit auseinandergehen. (Minerva verwendete diese Art der Beinanbringung ebenfalls – hauptsächlich bei kleinen Püppchen.)
24 cm · Preisgruppe E

Halsmarke:	24
Körpermarke:	D.R.P.
	Germany
	Nixe (alt)
	24

Seite 53: Puppen um 1930/35

Vorne: Babypuppe mit plattem Po · feststehender Kopf · Arme und Beine beweglich · große, geprägte blaue Augen · offen-geschlossener Mund
11 cm · Preisgruppe B

Körpermarke:	Nixe (alt)
	D.R.P.
	Germany
	11

Hinten: Junge · feststehender Kopf · Arme und Beine beweglich · modellierte Haare · geprägte blaue Augen · geschlossener Mund
19,5 cm · Preisgruppe D

Körpermarke:	Nixe (alt)
	19½

Püppchen 1930/35 · Arme und Beine beweglich · feststehender Kopf · modellierte Haare · teilweise modellierte Schuhe und Söckchen · gemalte Augen · geschlossener Mund
14–18 cm · Preisgruppe B/C

Körpermarken:
Nixe (alt)
D.R.P.
Germany
Größe

Vier verschiedene Puppenstuben-Babypüppchen um 1930/35 · Arme und Beine beweglich · feststehender Kopf · leicht modellierte Haare · gemalte Augen
6–11 cm · Preisgruppe A

Körpermarken:
Nixe (alt)
D.R.P.
Germany
Größe

Seite 55 oben: Puppenstubenpüppchen 1930/35 · Arme und Beine beweglich · feststehender Kopf · modellierte Haare oder Mohairperücke · teilweise modellierte Schuhe und Söckchen · gemalte Augen · geschlossener Mund
6–9 cm · Preisgruppe A

Körpermarken:
Nixe (alt)
D.R.P.
Germany
Größe

Seite 55 unten: «Der Geißen-Peter», Püppchen um 1930/35 · Arme und Beine beweglich auf Scheibengelenken · feststehender Kopf · leicht modellierte Haare · gemalte blaue Augen · geschlossener Mund · gemalte Strümpfe und Schuhe · Kleidung original
12 cm · Preisgruppe C

Körpermarke:
Nixe (alt)
11½
12

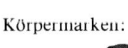

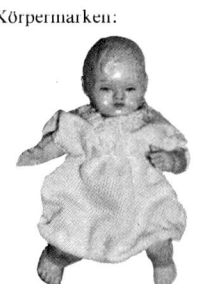

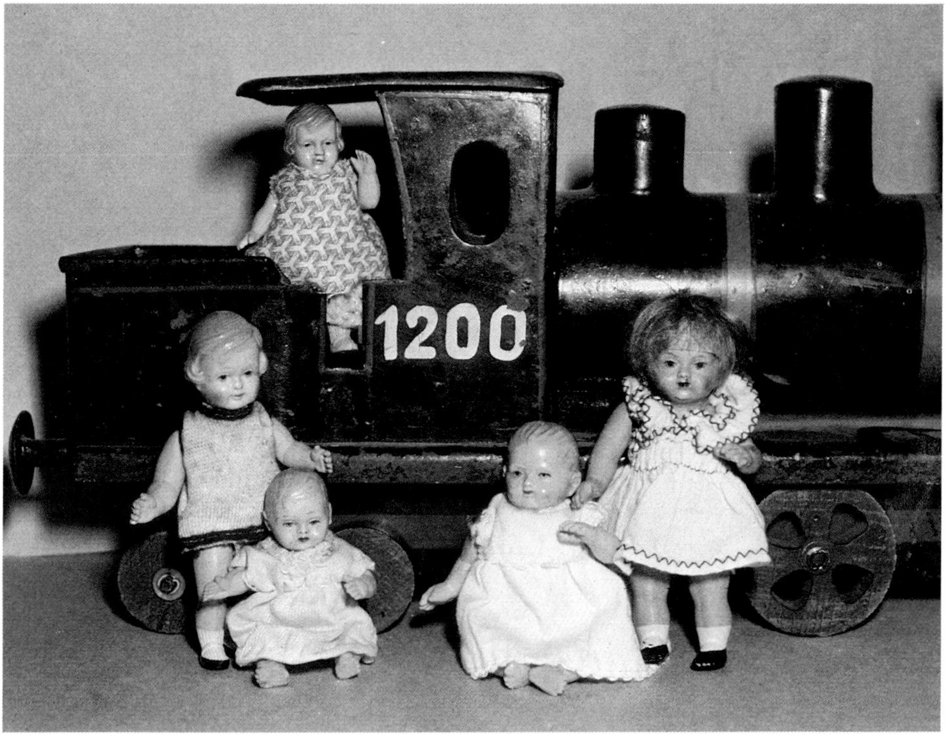
1200

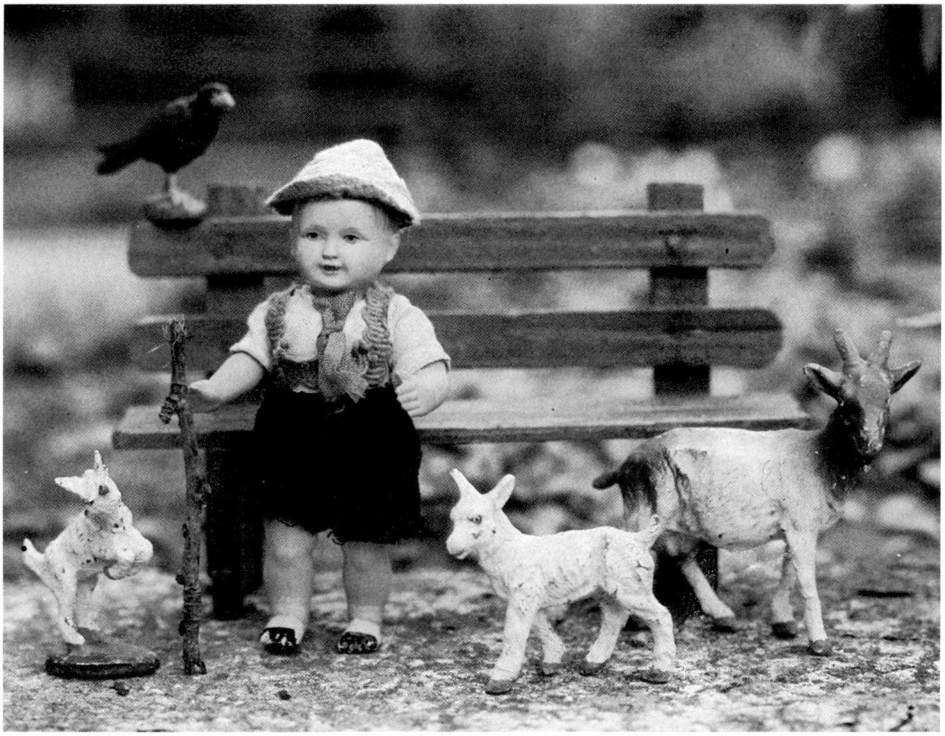

CELLBA

Gretchen-Puppen um 1935

Arme und Beine mit Scheibengelenken
· Kurbelkopf · modellierte rötliche
Haare · feststehende blaue Glasaugen ·
geschlossener Mund
40 cm · Preisgruppe G

Hals- u. Körpermarke: Nixe
                      40

Unten: «Gretchen» um 1935 · Arme
und Beine mit Scheibengelenken · feststehender Kopf · modellierte rötliche
Haare · gemalte blaue Augen · geschlossener Mund · besonders schön
modellierte Gretchenfrisur
29 cm · Preisgruppe F

Körpermarke: Nixe
               29

Seite 57: Kurbelkopf · modellierte rötlichbraune Gretchen-Frisur · braune
Glasaugen · geschlossener Mund
42 cm · Preisgruppe G

Halsmarke: 42
           40

Körpermarke: Nixe
              42

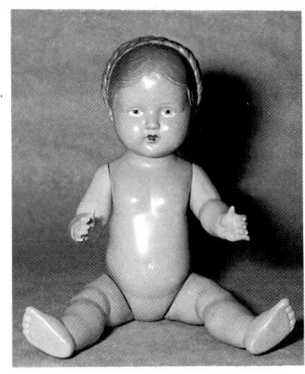

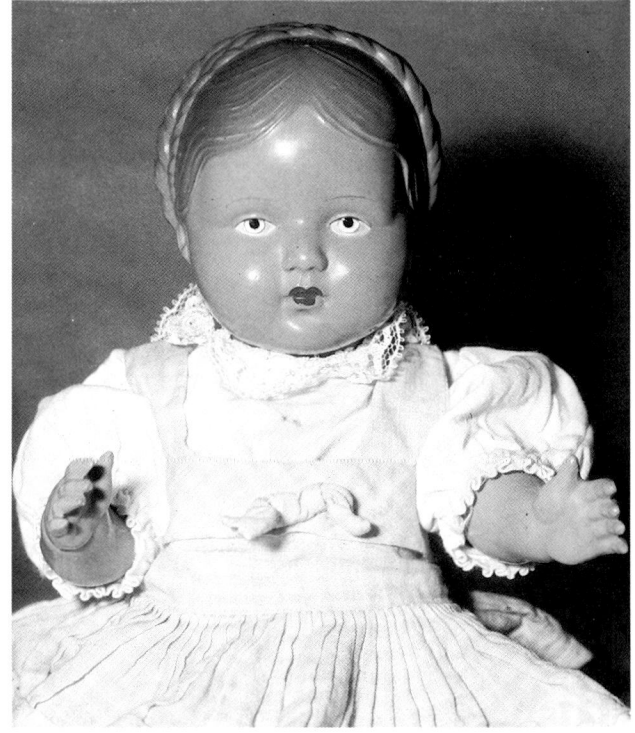

Negerpuppen um 1948/50

Links: Braunes Zelluloid · Scheibengelenke · gerade Beine · Zelluloidkurbelkopf mit schwarzer Mohairperücke ·
geprägte braune Augen · geschlossener
Mund
36 cm · Preisgruppe F

Halsmarke: 34

Körpermarke: Nixe
35/36

Rechts: Braunes Zelluloid · Scheibengelenke · krumme Beine · feststehender
Kopf · geprägte braune Augen · durchstochene Ohrläppchen · offen-geschlossener Mund
24,5 cm · Preisgruppe D

Körpermarke: Nixe
24½

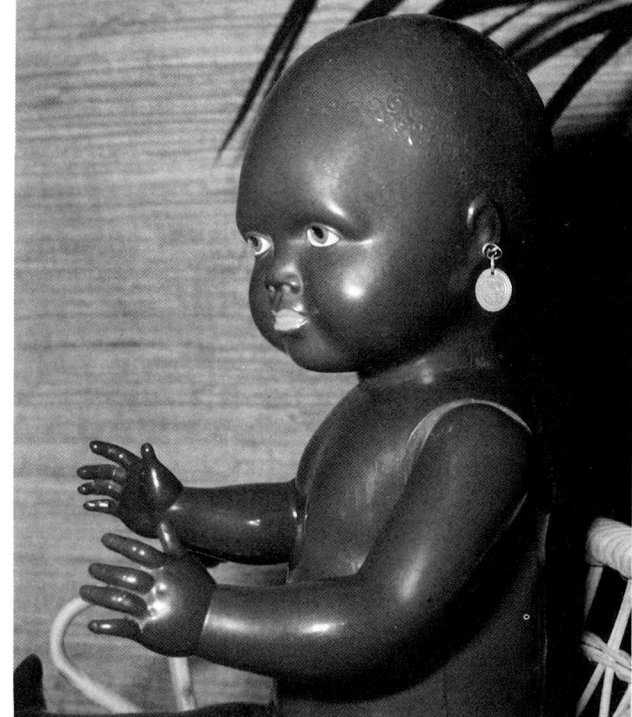

Negerpuppe um 1948/50 · Braunes
Zelluloid · Scheibengelenke · gerade
Beine · Kurbelkopf · modellierte
Kraushaare · geprägte braune Augen ·
geschlossener Mund · durchstochene
Ohrläppchen · ausgesprochen rassiges
Negergesicht
36 cm · Preisgruppe F

Halsmarke: 34

Körpermarke: Nixe
35/36

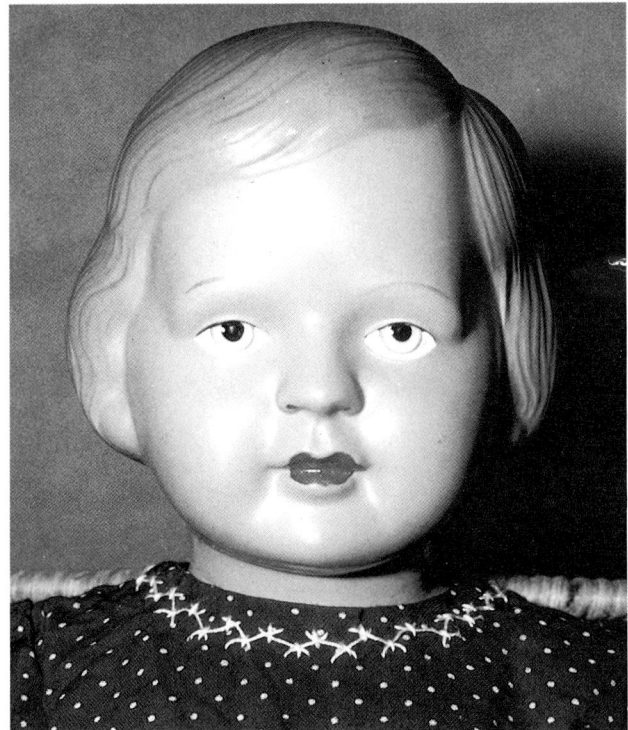

Puppen um 1935/40

Links: Junge · Arme und Beine mit Scheibengelenken · feststehender Kopf · modellierte helle Haare · geprägte graublaue Augen · geschlossener Mund
34 cm · Preisgruppe E

Körpermarke:	Nixe
	34

Rechts: Mädchen · Arme und Beine mit Scheibengelenken · feststehender Kopf · modellierte helle Haare · feststehende blaue Glasaugen · geschlossener Mund
31,5 cm · Preisgruppe E

Körpermarke:	Nixe
	31½

Um 1940/50 · Arme und Beine mit Scheibengelenken · feststehender Kopf · modellierte rötlichbraune Haare · geprägte blaue Augen · geschlossener Mund
46 cm · Preisgruppe E

Körpermarke:	Nixe
	46

59

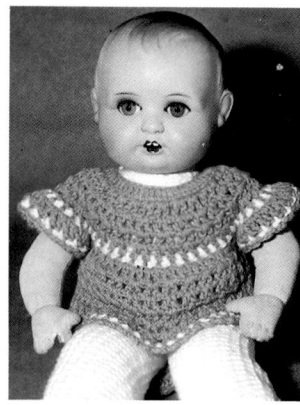

Babypuppe um 1950/55 · Stoffkörper ·
Stoffarme und -beine abgenäht · Ringhalskopf aus Zelluloid · leicht modellierte rötliche Haare · blaue Schlafaugen mit Wimpern · offener Mund mit
Zelluloidzähnchen
30 cm · Preisgruppe E

Halsmarke: Nixe
                              25

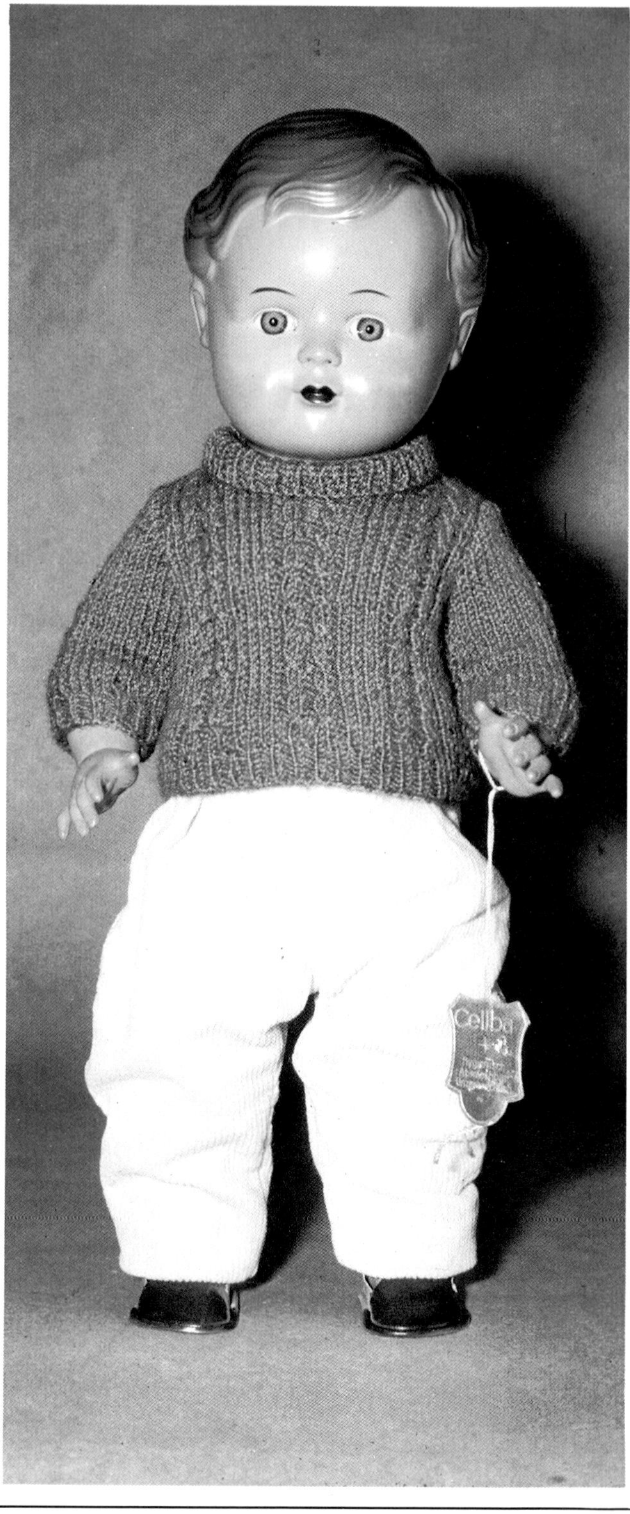

Um 1935/40 · Arme und Beine mit
Scheibengelenken · feststehender
Kopf · modellierte helle Haare · feststehende blaue Glasaugen · geschlossener Mund
31,5 cm · Preisgruppe E

Körpermarke: Nixe
                              31½

60

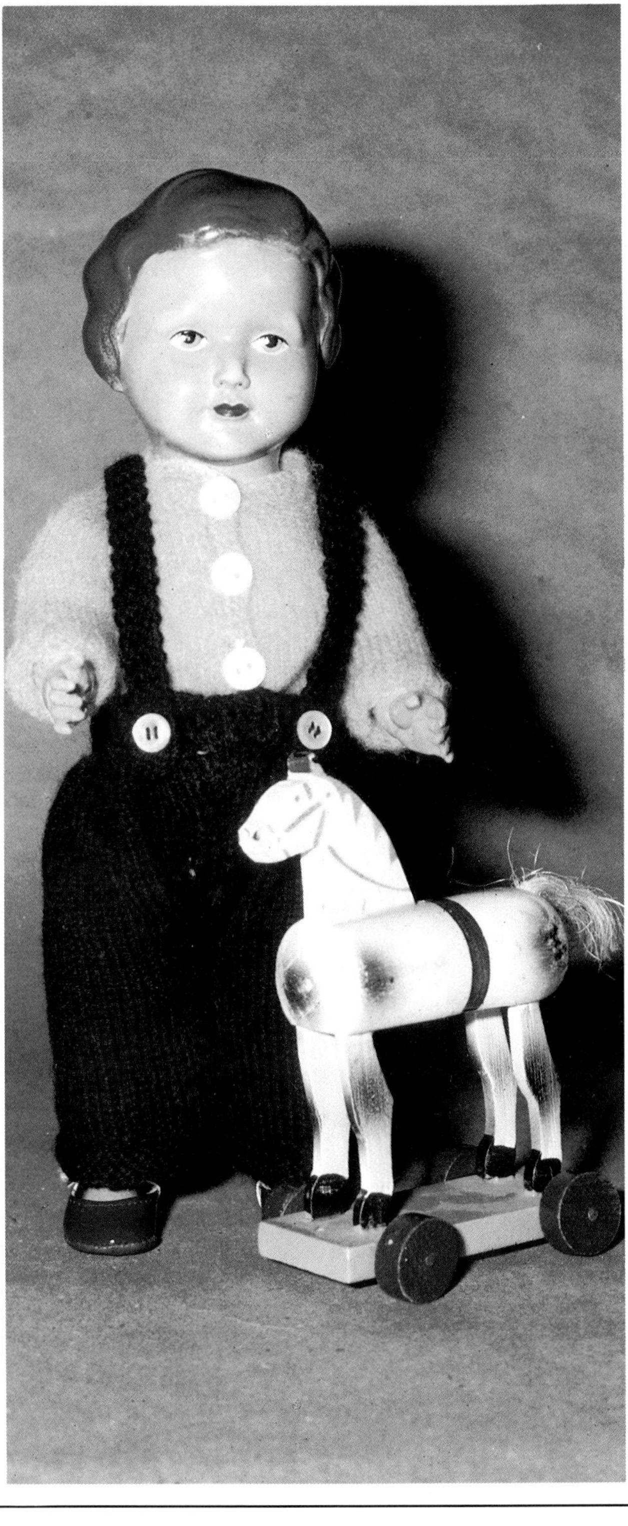

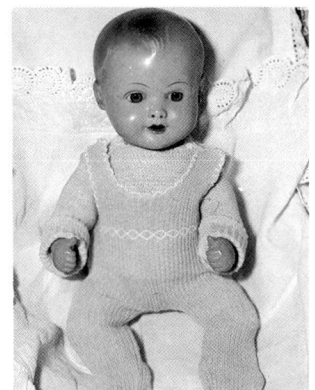

Sitzbaby um 1950/55 · Arme und Beine
mit Kugelgelenken · Kurbelkopf ·
leicht geprägte bräunliche Haare · feststehende blaue Glasaugen · offener
Mund
30 cm · Preisgruppe E

Halsmarke:	30
Körpermarke:	Nixe 30

Um 1950/55 · Arme und Beine mit
Scheibengelenken · feststehender
Kopf · geprägte rötliche Haare · ge-
prägte blaue Augen · geschlossener
Mund
29,5 cm · Preisgruppe E

Körpermarke:	Nixe 29½

Hermsdorfer Celluloidwarenfabrik
Berlin-Hermsdorf – Schutzmarke «DADA»
Zelluloidpuppen 1923–1927

Die Hermsdorfer Celluloidwarenfabrik produzierte ab 1923 bis etwa 1927. Ihr Markenzeichen war ein Marienkäfer mit der Aufschrift «DADA».

Trotz kurzer Produktionszeit meldete die Firma einige Patente an, und zwar für zwei Zelluloidpuppenköpfe (Schulter- und Kurbelkopf) und für ein Zelluloidbaby. Dieses selbsttrinkende «Original Trink-Bebie», welches eine Milchflasche leert, hat einen Kurbelkopf und bewegliche Glieder. Dieselbe Puppe gab es aber auch, wie hier abgebildet, mit geschlossenem Mund. Das «Trink-Bebie» wurde in den Jahren 1926 und 1927 von der Firma Buschow & Beck angeboten, und es ist deshalb anzunehmen, daß die Hermsdorfer Celluloidwarenfabrik von Buschow & Beck übernommen wurde.

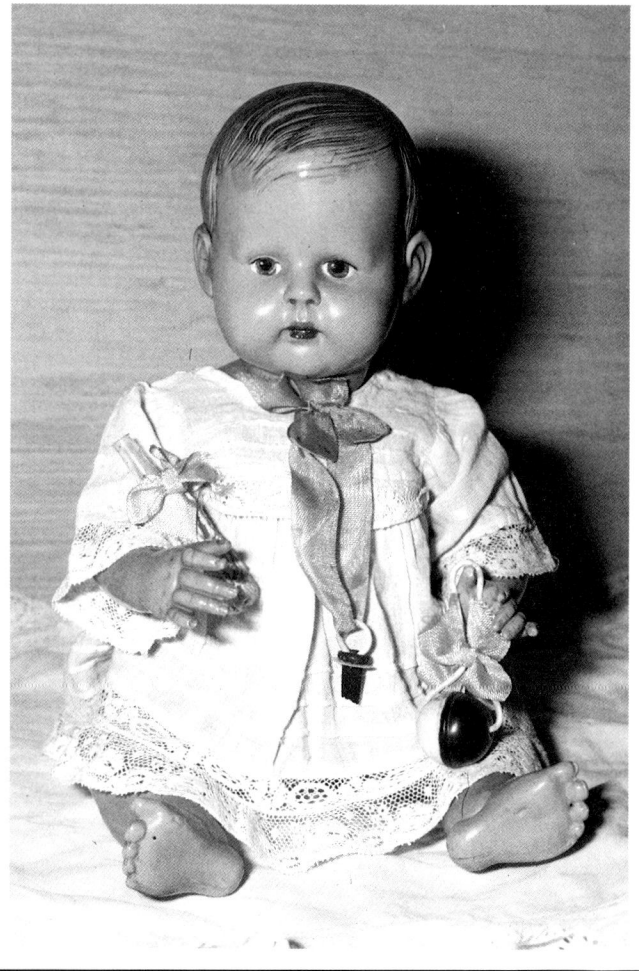

Babypuppe um 1926 · Beschreibung auf Seite 63 oben

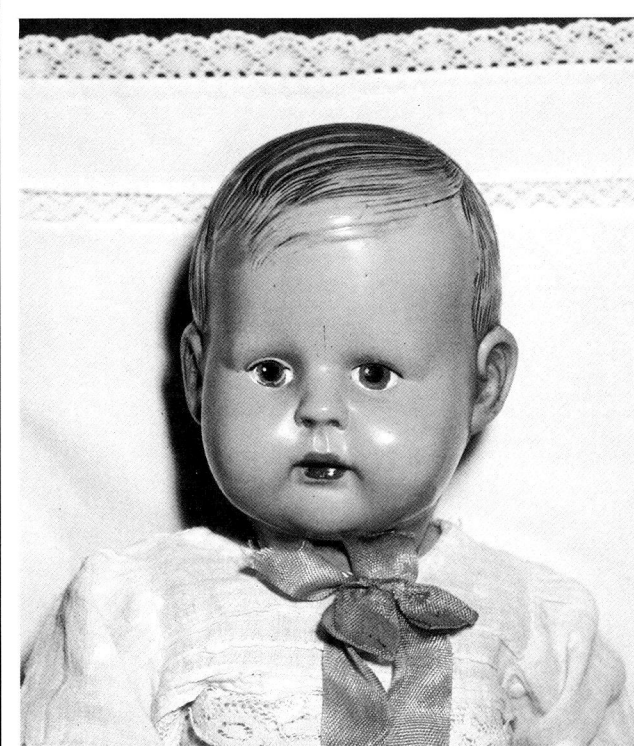

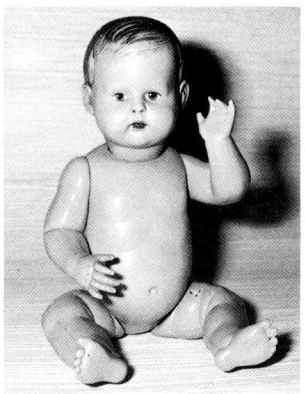

Babypuppe um 1926 · Babykörper ·
Arme und Beine mit Scheibengelenken
· Kurbelkopf · detaillierte Modellierung an Körper und Gliedern · modellierte braune Haare · geprägte, engstehende blaue Augen · geschlossener
Mund
36 cm · Preisgruppe G
                          Marienkäfer
Hals- und Körpermarke: 36
                          Germany

Um 1924 · Zelluloidschulterkopf mit
schön modellierter Frisur · große, gemalte blaue Augen · offen-geschlossener Mund mit geprägten Zähnchen
30 cm · Preisgruppe G
                          Marienkäfer
Halsmarke: 8
                          Germany

Paul Hunaeus

Celluloidwarenfabrik, Hannover-Linden
Zelluloidpuppen 1900–1930

Die Celluloidwarenfabrik wurde von Dr. Paul Hunaeus im
Jahre 1890 gegründet. Aus Zelluloid wurden anfangs nur Sol-
daten und andere Figuren hergestellt, erst ab 1900 auch Puppen. Als Warenzeichen wurden die Initialen PH verwendet und
als Kennzeichnung für Spielwaren, Puppen und Puppenteile
eingetragen. Die Puppenproduktion der Firma Paul Hunaeus
begann mit Zelluloidschulterköpfen mit gemalten Augen und
geprägten Haaren. Etwas später entstanden dann auch Ganzzelluloidpuppen mit feststehendem Kopf sowie mit Kurbelkopf und beweglichen Gliedern als Sitz- und Stehbabys.

Auffallend bei sehr frühen Puppen der Marke «PH» ist die
Art, wie die einzeln gepreßten Zelluloidhälften zusammengesetzt sind: Die Naht ist besonders dick; es sieht so aus, als seien
überstehende Zelluloidteile wie Laschen übereinandergelegt
und zusammengeklebt worden.

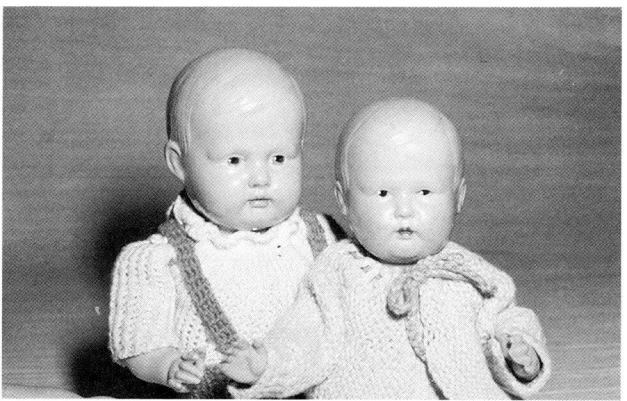

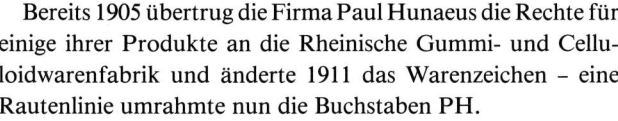

Puppen um 1928

Bereits 1905 übertrug die Firma Paul Hunaeus die Rechte für
einige ihrer Produkte an die Rheinische Gummi- und Celluloidwarenfabrik und änderte 1911 das Warenzeichen – eine
Rautenlinie umrahmte nun die Buchstaben PH.

Im Jahre 1928 brachte die Firma ein Sitz- und Stehbaby mit
feststehendem Kopf und mit patentiertem Igodi-Drehkopf heraus, der unterhalb des Kinns endet, auf einen mit dem Körper
verbundenen Halszapfen gesetzt wird und dreh- und neigbar
ist. Diese Art der Kopfaufhängung findet man vor allem bei
französischen Zelluloidpuppen der Marke «Petit Colin».

Das Sitz- und Stehbaby mit dem patentierten Kopfgelenk
wurde dann, als nach dem Zusammenschluß von 1930 die gesamte Puppenproduktion von Paul Hunaeus auf die «Rheinische» überging, von dieser übernommen und mit dem Schildkrötzeichen weiterproduziert (siehe Seite 107).

Hinten: Junge · Arme und Beine beweglich · feststehender Kopf · leicht modellierte Haare · geprägte Augen mit grauer
Iris · geschlossener Mund
26 cm · Preisgruppe E

Körpermarke:
PH in Raute
26
Germany

Vorne: Baby · Arme und Beine mit
Scheibengelenken · feststehender Kopf ·
modellierte Haare · geprägte braune
Augen · geschlossener Mund
22 cm · Preisgruppe D

Körpermarke:
PH in Raute
22
Germany

Denselben Puppentyp gab es auch mit
dem von P.H. patentierten drehbaren
Igodi-Kopf (s. «Rheinische», S. 107).

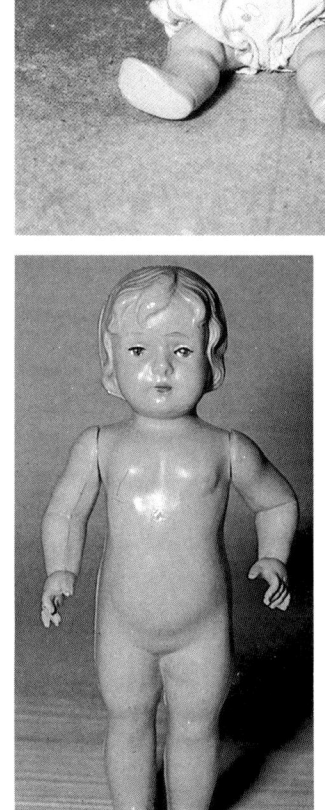

Puppen um 1920/28

Vorne: Arme und Beine mit Scheibengelenken · feststehender Kopf · stämmiger Körper · modellierte Haare · geprägte, engstehende blaue Augen · geschlossener Mund
14 cm · Preisgruppe C

	PH in Raute
Körpermarke:	14
	Germany

Hinten: Stehpuppe · Kopf und Beine
feststehend · bewegliche Arme · modellierte Haare · geprägte braune
Augen · geschlossener Mund
17,5 cm · Preisgruppe E

	PH in Raute
Körpermarke:	17½
	Germany

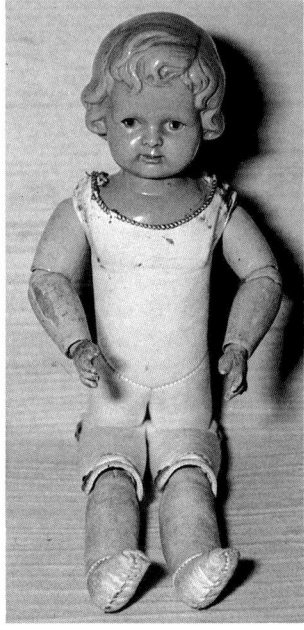

Links: Stehpuppe, wie oben

Rechts: Um 1915 · Ziegenlederkörper
mit Universalgelenken an den Beinen ·
Holzarme mit Kugelgelenken · Zelluloidschulterkopf mit modellierter Frisur · geprägte blaue Augen · offen-geschlossener Mund
30 cm · Preisgruppe H

	PH in Raute
Halsmarke:	6

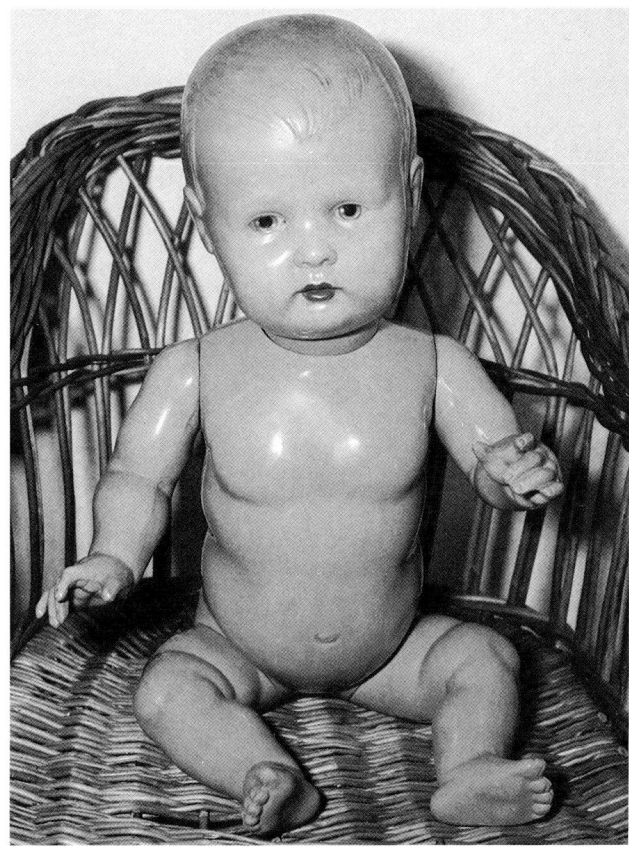

Sitzbaby um 1925 · Ganz aus Zelluloid ·
Arme und Beine mit Scheibengelenken
· Kurbelkopf · geprägte Haare · geprägte blaue Augen · offen-geschlossener Mund mit zwei Zähnchen
45 cm · Preisgruppe F
                              PH in Raute
Hals- und Körpermarke: 45
                              Germany

Stehpüppchen um 1910/20 · unbeweglich · sehr fein modellierte Haare (am
Hinterkopf lauter kleine Löckchen) ·
gemalte Augen · geprägte Schuhe und
Strümpfe
7 cm · Preisgruppe A
                              PH in Raute
Körpermarke: 7
                              Germany

Im Vordergrund Zelluloidfigur und
Zelluloidente, beide gemarkt mit PH
in Raute

Kämmer & Reinhardt
Puppenfabrik, Waltershausen/Thüringen
Zelluloidpuppen 1900–1958

GERMANY

Ernst Kämmer und Franz Reinhardt gründeten im Jahre 1885 eine Puppenfabrik in Waltershausen. Sie produzierten Biskuitpuppenköpfe und Gelenkpuppenkörper. 1886 wurde das Warenzeichen K&R mit Stern registriert.

Die Firma experimentierte schon ab 1890 mit dem neuen Werkstoff Zelluloid, ließ aber ihre Zelluloidkopfrohlinge von der Rheinische Gummi- und Celluloidwarenfabrik anfertigen. Es waren Kopien von Biskuitpuppenköpfen der Marke K&R nach Entwürfen des Modelleurs der Firma, Karl Krauß er.

Ab 1902 begann Kämmer & Reinhardt nach einer neuen Methode der Bemalung, matte und nicht verblassende Brust- und Kurbelköpfe aus Zelluloid herzustellen. Die Kopfrohlinge, die die «Rheinische» dazu lieferte, wurden wie folgt weiterverarbeitet: Die Oberfläche des Zelluloidpuppenkopfes wurde aufgerauht, damit die trockene Schminke, die anschließend mit dem Pinsel aufgetragen wurde, besser hielt. Der so gefärbte Kopf wurde ab 1912 mit einem von K&R entwickelten durchsichtigen und abwaschbaren Mattlack überzogen. Dieser Lack verhinderte, daß die Köpfe im Laufe der Zeit gelb wurden und verblaßten, außerdem verschwand der übliche Glanz des Zelluloid, ein matter, rosiger Farbton entstand.

Die Firma Kämmer & Reinhardt entwickelte auch die sogenannten »Schelmenaugen« oder »Flirting eyes« und ließ sie patentieren. Weitere Patente erhielt sie unter anderem für Vorrichtungen an Schelmenaugen in Biskuit- und Zelluloidköpfen und für eine Konstruktion, die verhindern sollte, daß die Beweglichkeit der Schlafaugen in Zelluloidköpfen durch Temperatureinflüsse beeinträchtigt wurde. Die Firma Kämmer & Reinhardt begann als erster Puppenhersteller, ihren Biskuit- und Zelluloidpuppenmodellen Namen zu geben, und so wurden Puppen als «Mein Liebling» und für den amerikanischen Markt als «My Darling» oder «My Rosy Darling» (rosy = rosig; vom Aussehen des Zelluloidkopfes – das typisch deutsche Kind charakterisierend) vorgestellt. Industriell gefertigte Puppen bekamen durch einen Namen wieder den Hauch von Individualität und Liebenswürdigkeit, und dies spiegelte den Trend der Zeit wider, der sich besonders auf dem amerikanischen Markt in den nächsten Jahrzehnten mit großem Erfolg durchsetzte. Mit der Namensgebung als Unterscheidungsmerkmal der Puppen änderten sich auch ihre Gesichter. Die Puppen lösten sich von dem klischeehaft erstarrten Puppengesicht des neunzehnten Jahrhunderts und wurden nun mit natürlich wirkenden, charakteristischen Gesichtszügen dargestellt. Den bedeutsamsten Durchbruch zu diesem neuen Weg brachte die realistische Nachbildung eines etwa sechs Wochen alten Babys, das K & R 1909 nach dem Entwurf eines Berliner Künstlers zuerst als Biskuitpuppe und später auch als Zelluloidpuppe auf den Markt brachte.

Mit diesem als «Baby Otto» bezeichneten und später in Sammlerkreisen als «Kaiserbaby» bekannten Typ begann die berühmte 100er Biskuitcharakterserie von K & R-Puppen. Diese Babypuppe wurde auch von der «Rheinischen» als eigene Ganzzelluloidpuppe in vielen Größen, sogar als Stehpuppe, hergestellt. Sie ist teils mit «Schildkröte ohne Raute», teils mit «Schildkröte in Raute» gemarkt. Parallel zu den bedeutendsten Erfolgspuppen dieser 100er Charakterserie in Biskuit entstanden Zelluloidversionen, die aber hauptsächlich in Amerika verkauft wurden, da sie dort besonders beliebt waren.

Serien-Nr.	Charakterpuppen mit Biskuitköpfen 100er Serie	Serien-Nr.	Charakterpuppen mit Zelluloid-Brustköpfen 200er Serie	Serien-Nr.	Charakterpuppen mit Zelluloid-Ringhalsköpfen 300er Serie	Serien-Nr.	Charakterpuppen mit Zelluloid-Kurbelköpfen 700er Serie
100	«Kaiserbaby» (1909)	200	auf Stoffkörper			700	auf Composition-Babykörper
101	«Peter» / «Marie» (1909)	201	auf Leder- bzw. Stoffkörper mit Zelluloidunterarmen			701	auf Gliederkörper
114	«Hans» / «Gretchen» (1910)					714	auf Gliederkörper
117	«Mein Liebling» (1912)					717	auf Gliederkörper oder als Steh- und Sitzbaby auf Composition- oder Zelluloidkörper
121	Charakter-Baby-puppe mit Schlaf-augen und offenem Mund (1914)			321	auf Stoffkörper mit Zelluloid-Baby-gliedern (in versch. Größen)		
127	«Mein Lieblings-baby» (1915)					727	auf Ganzzelluloid-Babykörper in verschiedenen Größen
128	Charakterpuppe mit Schlaf- oder Schel-menaugen und offe-nem Mund (1915)					728	auf Composition- oder Ganzzelluloid-körper in verschiedenen Größen
Bis Nr. 714 nur mit gemalten Augen und in einer Größe – ab 717 (u. 321) auch mit Schlaf- bzw. Schelmenaugen und in versch. Größen							

Auffallend und charakteristisch für die Ganzzelluloidpuppen der Marke K & R sind die sehr schönen, bis ins kleinste Detail gehenden, ausmodellierten Körper und Kugelgelenkglieder der Sitz- und Stehbabys, wie man sie ähnlich bei keiner anderen Marke finden kann. Die Charakterpuppen aus Zelluloid ab Nr. 717 (und 321) wurden teilweise bis nach 1930 hergestellt. Die Zelluloidpuppen, die nach dem Krieg produziert wurden, bekamen neue, zweistellige Seriennummern – sie sehen aber den Charakterpuppen der Vorkriegszeit sehr ähnlich.

Die Firma Kämmer & Reinhardt hat noch bis 1958 produziert.

KÄMMER & REINHARDT

Seite 70: Um 1910 · Zelluloidversion der Nr. 101 · hergestellt von der Rheinischen Gummi- und Celluloidfabrik · Compositionkörper mit 10 Gelenken · Kurbelkopf · gemalte blaue Augen · geschlossener Mund
47 cm · Preisgruppe K

Halsmarke:
Schildkröte
K Stern R
701
47

Seite 71: Beschreibung siehe unten

Um 1910 · Lederkörper mit Ledergelenken · Porzellanunterarme · Zelluloidschulterkopf · Echthaarperücke · braune Schlafaugen · geprägte Augenbrauen · offener Mund mit Zelluloidzähnchen
40 cm · Preisgruppe K

Halsmarke:
K Stern R
255
No 11
Germany

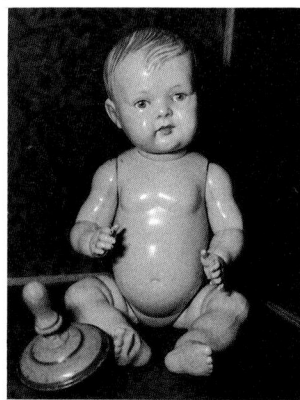

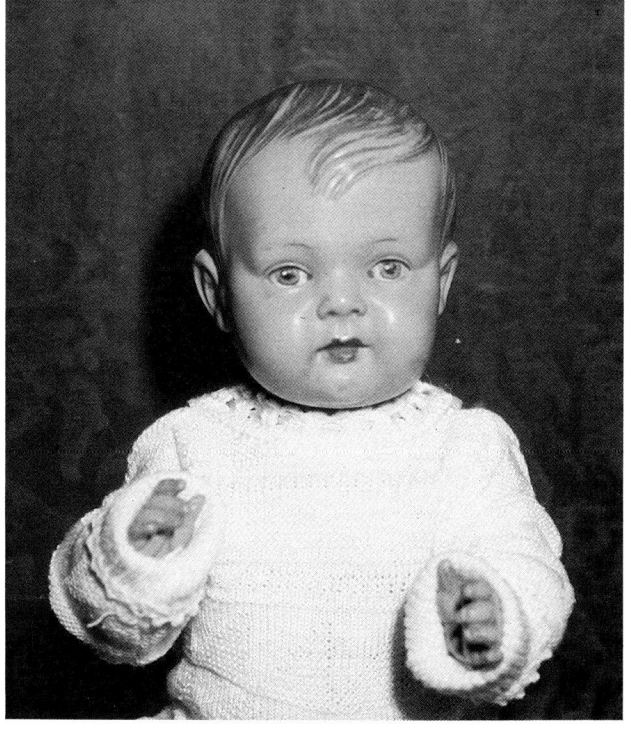

«Mein Lieblingsbaby», Sitzbaby um 1920 · ganz aus Zelluloid · Arme und Beine mit Scheibengelenken · sehr schön ausmodellierter, typischer K&R-Körper · Kurbelkopf · geprägte Haare · geprägte blaue Augen · offengeschlossener Mund
24 cm · Preisgruppe H

Halsmarke:
K Stern R
24/727

Körpermarke:
K Stern R
24

In verschiedenen Größen und auch mit Schlafaugen hergestellt.

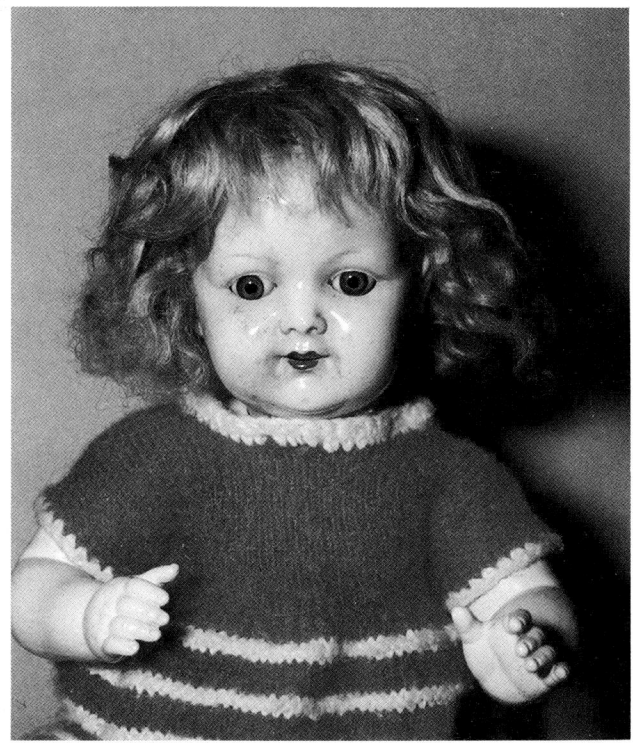

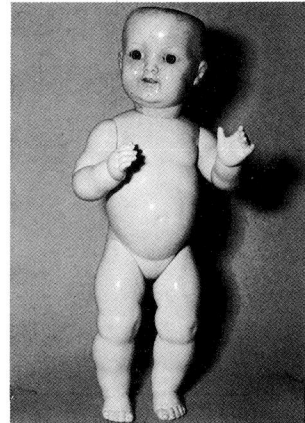

Um 1920 · Arme und Beine mit Scheibengelenken · Miblu-Kurbelglattkopf · blaue Schlafaugen · offener Mund mit Zähnchen · Körper und Glieder sehr schön modelliert
33 cm · Preisgruppe G

Halsmarke:	K Stern R 728/3 Germany 33
Körpermarke:	K Stern R 3

Links oben: Dieselbe Puppe mit blonder Mohairperücke

«Mein Liebling», um 1920 · Arme und Beine mit Scheibengelenken · Kurbelglattkopf mit blonder Mohairperücke · feststehende blaue Glasaugen · aufgemalte Wimpern · offener Mund mit Zähnchen
28 cm · Preisgruppe H

Halsmarke:	K Stern R 717/28
Körpermarke:	K Stern R 28 1

Dieser Puppentyp wurde in verschiedenen Größen, auch auf Gliederkörpern und Compositionkörpern und mit Flirting-Eyes hergestellt.

Oben: Beide Puppen um 1925 · Arme und Beine mit Scheibengelenken · Kurbelglattkopf mit Mohairperücke · Schelmenaugen · offener Mund mit Zähnchen · Mamastimme
46 cm · Preisgruppe G

Halsmarken:

K Stern R
728/7
Germany
43/46

Körpermarken:

K Stern R
7

Rechts: Babypuppe um 1925 · Stoffkörper · Arme und Beine aus Zelluloid mit Kugelgelenken · Zelluloidringhalskopf · modellierte Haare · braune Schlafaugen mit Wimpern · offener Mund mit Zähnchen · · Mamastimme
48 cm · Preisgruppe G

Halsmarke: K Stern R 321/4½

Seite 75: Um 1940/50 · Arme und Beine mit Scheibengelenken · Kurbelglattkopf · Echthaarperücke · Schelmenaugen · offener Mund mit Zähnchen
52 cm · Preisgruppe G

Halsmarke:

K Stern R
11/8
Germany

Körpermarke:

K Stern R
8

J. D. Kestner

Spielwarenfabrik, Waltershausen/Thüringen
Zelluloidpuppen 1915–1938

JDK

GERMANY

J.D.K.

Beide Zeichen wurden für Zelluloidpuppen verwendet. Eine zeitliche Ein-
ordnung ist nicht möglich.

Der Zelluloidschulterkopf mit der
Nummer 201 war wohl das beliebteste
Puppenkopfmodell in Zelluloid von
J. D. K. Er wurde bis 1930 in verschie-
denen Größen hergestellt und war
einer der letzten von Kestner.

Die Spielwarenfabrik wurde 1820 von Johann Daniel Kestner
gegründet. Er gilt heute als Begründer der Waltershausener
Puppenindustrie. Zuerst wurden Holzgliederpuppen mit Holz-
und Papiermachéköpfen und andere Spielsachen aus Holz und
Papiermaché hergestellt. Später fertigte die Firma dann Lederkörper und ab 1860 Porzellanpuppenköpfe. J.D.K. war einer
der wenigen deutschen Puppenhersteller, der nicht nur Puppenteile, sondern auch ganze Puppen produzierte. Zahlreiche
Patente wurden angemeldet, unter anderem für eine schwim-
mende Biskuitbadepuppe, für eine Laufpuppe aus Biskuit und
verschiedene Vorrichtungen zur Anordnung von beweglichen
Augen in Puppenköpfen.

Ab 1915 ließ die Firma Zelluloidrohlinge als Kurbel- und
Schulterköpfe und ein Ganzzelluloid-Charakterbaby nach
eigenen Entwürfen und Preßformen bei der Rheinischen Gum-
mi- und Celluloidwarenfabrik anfertigen. Die Zelluloidschulterköpfe, gemarkt entweder mit dem Warenzeichen J.D.K.
oder J.D.K. und der Schildkrötmarke (ohne und mit Raute),
bekamen die Seriennummern 201 bis 204. Sie wurden an Ziegenlederkörper (Körper gemarkt mit der Kronenmarke mit
Bändern und den J.D.K.-Initialen) genäht, an denen Zelluloidunterarme befestigt waren.

Das Zelluloidcharakterbaby der Marke J.D.K. hat die Seriennummer 243 und ist ein typisches Kestner-Baby mit offen-
geschlossenem Mund und Grübchen im Gesicht. Der Kurbelglattkopf (Halsmarke J.D.K.) mit Perücke ist auf einem gut
modellierten Kestner-Körper aus Zelluloid (Körpermarke
J.D.K.) befestigt. Genau der gleiche Puppentyp in genau der
gleichen Ausführung wurde von der «Rheinischen» auch als
eigenes Modell mit der Schildkrötmarke hergestellt.

1938 wurde die Firma Kestner aufgelöst.

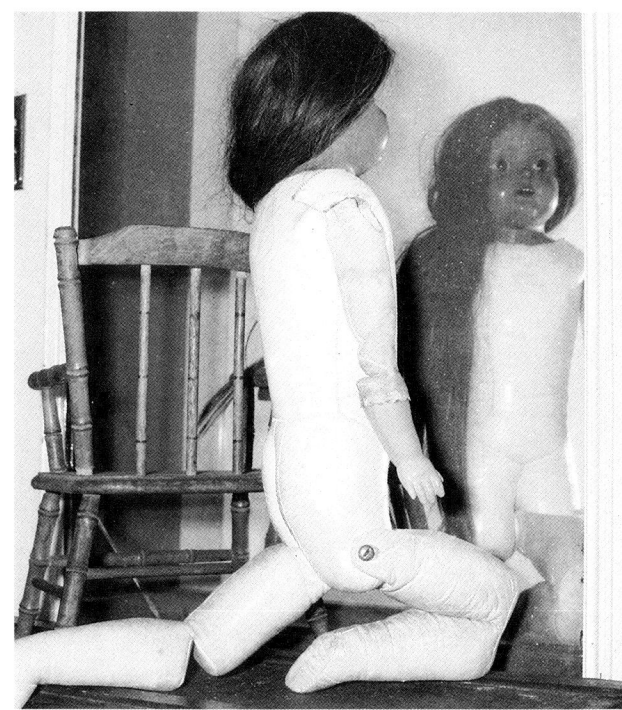

Um 1915 · Ziegenlederkörper mit Universalgelenken · Kniegelenke mit Zwickel · Unterarme aus Zelluloid mit Ellbogengelenken (Zwickel) · Miblu-Schulterkopf mit brauner Echthaarperücke · große braune Schlafaugen mit Wimpern · geprägte Augenbrauen · offener Mund mit Zelluloidzähnchen
68 cm · Preisgruppe K

	J. D. K.
Halsmarke:	201.
	9.

Siehe auch die Abbildungen auf den Seiten 76 und 79.

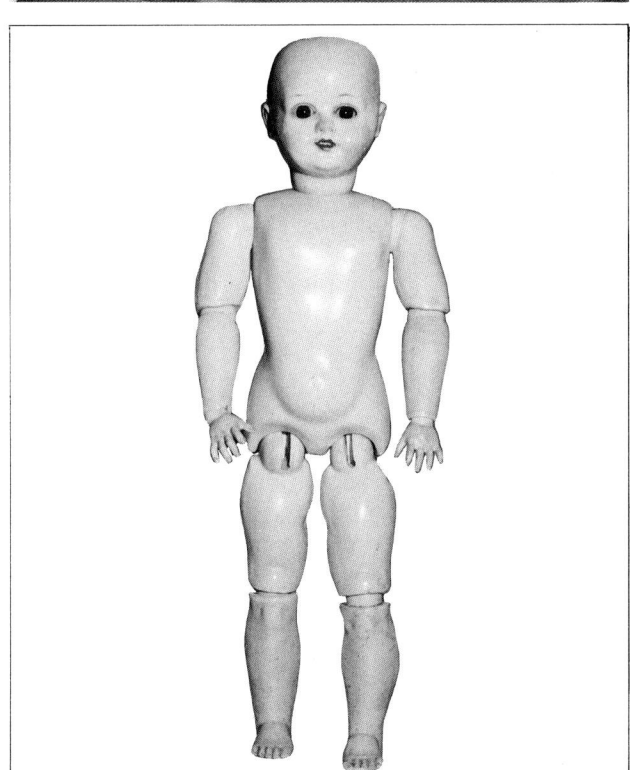

Um 1918 · Gliederkörper · Zelluloid-kurbelglattkopf · braune Schlafaugen mit Wimpern · offener Mund mit Zähnchen
57 cm · Preisgruppe J

	J. D. K.
	Schildkröte in Raute
	Schutz-Marke
Halsmarke:	13
	Germany
	1918

	Made in Germany
	J. D. K.
Körpermarke:	57

Seite 78: Dieselbe Puppe mit brauner Echthaarperücke

Koenig & Wernicke

Puppenfabrik, Waltershausen/Thüringen
Zelluloidpuppen 1929–1950

Von 1912 bis 1943

Nach 1945

Im Jahre 1912 gründeten Max Koenig und Rudolf Wernicke eine Puppenfabrik in Waltershausen. Zuerst wurden Gelenkpuppen, Sitz- und Stehbabys mit Biskuitköpfen, aber auch verschiedene Puppenartikel fabriziert.

1926 gelang es der Firma, sogenannte «Cellowachsköpfe» nach eigener Ausführung herzustellen. Die aus durchsichtigem, wachsartigem Zelluloid gefertigten Kurbelkopfrohlinge bezog K&W von der Rheinischen Gummi- und Celluloidwarenfabrik. Diese Rohlinge wurden dann von Koenig & Wernicke weiterverarbeitet, indem sie von innen mit einer Farbschicht bestrichen wurden, damit sie nicht mehr durchsichtig waren, sondern ein rosiges Aussehen erhielten.

Ab 1927 wurden den Cellowachsköpfen dann noch große blaue Reflexaugen eingesetzt. Es handelt sich hierbei um Augen, die den Betrachter stets anschauen, gleichgültig ob er rechts, links oder davor steht. Die Cellowachskurbelköpfe sind Kopien des Biskuitmodells Nr. 98 von K&W. Sie haben alle die Seriennummer 298 und wurden nur bis 1935 hergestellt. Außer der Seriennummer befindet sich auf allen Köpfen die Doppelsignierung «K&W» und «Schildkröte in Raute» (altes Zeichen). Die dazugehörigen Compositionsitz- und stehkörper sind meistens mit der K&W-Marke gestempelt.

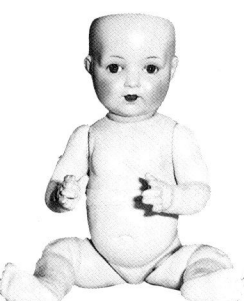

1929 meldete die Firma ein Patent für die Befestigung auswechselbarer Puppenstimmen in Zelluloidköpfen an. Nach dem Zweiten Weltkrieg änderte sie die Form ihres Markenzeichens und produzierte nun auch Ganzzelluloidpuppen mit Kugelgelenkgliedern (700er Serie). Nach 1955 entstanden Puppen aus den zelluloidähnlichen Kunststoffen Cellidor und Tortulon.

Die Firma wechselte von Waltershausen nach Dornstetten im Schwarzwald. Nachfolger Rolf Wernicke belieferte als Großhändler die Puppenkliniken bis nach 1963 mit Zelluloidersatzköpfen und -gliedern der Marke «Schildkröt». Heute stellt die Rolf Wernicke KG Puppen aus Vinyl her.

Um 1925/30 · Compositionbabykör-
per · Arme und Beine mit Scheibengelenken · Zelluloidkurbelglattkopf ·
braune Echthaarperücke · braune
Schelmenaugen mit Wimpern · offener
Mund mit Zähnchen
46 cm · Preisgruppe F

Halsmarke: K & W
             W   } im Kreis
        298/6
       Schildkröte in Raute
       Germany

Um 1925/30 · Compositionkörper ·
Arme und Beine mit Scheibengelenken
· Zelluloidkurbelglattkopf · dunkel-
blonde Mohairperücke · blaue Schlafaugen mit Wimpern · offener Mund
mit Zähnchen
42 cm · Preisgruppe F

Halsmarke: K & W
             W   } im Kreis
        298/5
       Schildkröte in Raute
       Germany

Um 1945/50 · Zelluloidbabykörper ·
Arme und Beine mit Kugelgelenken ·
Kurbelglattkopf mit blonder Echthaarperücke · blaue Schelmenaugen
mit Wimpern · offener Mund mit
Zähnchen · Mamastimme
45 cm · Preisgruppe E

Hals- und Körpermarke: K & W [1]
                          733/45

[1] im Dreierkreis

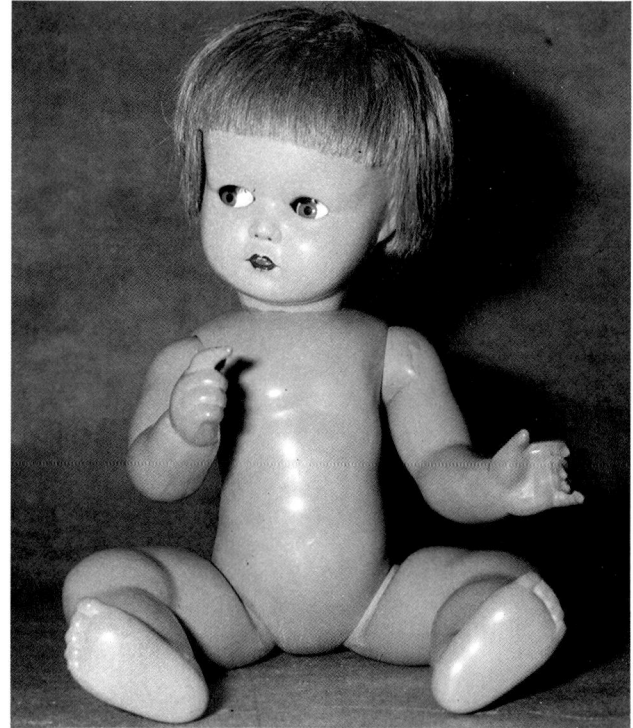

Seite 83: Um 1925/30 · Compositionkörper · Arme und Beine mit Scheibengelenken · Zelluloidkurbelglattkopf ·
blonde Mohairperücke · blaue Schelmenaugen mit Wimpern · offener
Mund mit Zähnchen
65 cm · Preisgruppe G

Halsmarke: K & W ⎫
                 W   ⎬ im Kreis
                298/13 ⎭
           Schildkröte in Raute
                Germany

Kohl & Wengenroth
Celluloidwarenfabrik, Offenbach
Zelluloidpuppen um 1920

Die Herren Kohl und Wengenroth gründeten im Jahre 1864 die nach ihnen benannte Firma. Das Markenzeichen ist ein Mädchen im langen Kleid, das auf seinen ausgestreckten Armen die Buchstaben K (links) und W (rechts) trägt. Das Ganze ist von einem Kreis umrahmt.

Die Firma stellte Zelluloidspielzeug und -puppen her. Es waren Ganzzelluloidpuppen mit modellierten Haaren und gemalten Augen, die es als Sitz- und Stehbabys gab. 1926 wurde sie von Paul Hunaeus übernommen, und diese Firma wiederum ging 1930 an die «Rheinische» über, womit dieser dann die Puppenmodelle beider Firmen zur Verfügung standen.

Sitzbaby um 1920 · Arme und Beine mit Scheibengelenken · Kurbelkopf · geprägte Haare · geprägte blaue Augen · offen-geschlossener Mund mit zwei geprägten Zähnchen · schön ausmodellierter Körper
28 cm · Preisgruppe F

Halsmarke:
K (Mädchen) W [1]
28

Körpermarke:
K (Mädchen) W [1]
28
Germany

[1] im Kreis

Oldenburger Celluloidwarenfabrik
Oldenburg / Holstein
Zelluloidpuppen 1920–1930

Die Oldenburger Celluloidwarenfabrik wurde von den Herren Hayn und Engels gegründet. Die Firma produzierte neben anderen Zelluloidartikeln auch ein kleines Sortiment von Puppen. Sie spezialisierte sich hauptsächlich auf Püppchen, die früher vorwiegend auf Jahrmärkten unter der Bezeichnung »Schmetterling-Puppen« verkauft wurden.

Keine der Puppen, die die Celluloidwarenfabrik Oldenburg herstellte, hat eine Marke aufgeprägt. Sie trugen ursprünglich ein Etikett ums Handgelenk, auf dem ihre Herkunft zu lesen war. Dieses Etikett ist natürlich im Laufe der Zeit verlorengegangen und heute nur noch an Püppchen aus alten Lagerbeständen zu finden.

Püppchen um 1920/30

Mädchen: Band mit Schmetterling (Markenzeichen der Oldenburger Celluloidwarenfabrik) im Haar · Arme beweglich · gemalte, seitwärts blickende Augen
6 cm · Preisgruppe A · ungemarkt

Junge: Nur Arme beweglich · gemalte Schuhe und Strümpfe · gemalte, seitwärts blickende Augen
6 cm · Preisgruppe A · ungemarkt

Sitzbaby um 1920/30 · Arme und Beine mit Scheibengelenken · feststehender Kopf · leicht geprägte Haare · gemalte blaue Augen · geschlossener Mund
12 cm · Preisgruppe B · ungemarkt

Rheinische
Gummi- und Celluloidwarenfabrik
Mannheim-Neckarau – Schutzmarke «Schildkröte»
Zelluloidpuppen 1896–1961

GERMANY
SCHUTZ-MARKE

Dieses Zeichen wurde bis etwa 1900
verwendet. Zeitliche Überschneidun-
gen mit dem Folgezeichen (Seite 89)
sind möglich.

Im Jahre 1873 gründeten Friedrich Bensinger, H. L. Hohen-
emser & Söhne und die Gebrüder Lenel eine «Hartgummi-
Waaren-Fabrik» in Mannheim-Neckarau. Die Firma fertigte
zunächst nur Waren aus Hartgummi, für die es nur begrenzte
Verwendungsmöglichkeiten, aber große Konkurrenz gab. So
fand die Firma dann gezwungenermaßen ab 1880 zu ihrer
eigentlichen Bestimmung und Bedeutung, indem sie als erste
Fabrik Deutschlands und eine der ersten in der Welt die Herstellung des völlig neuartigen Rohstoffs Zelluloid aufnahm.

Der wohl vielversprechende, aber auch schwierige neue Rohstoff war gänzlich unerforscht, die materialgemäße Entwicklung und die maschinelle Einrichtung mußten vom Werk selbst
geschaffen werden. Ebenso schwierig wie die Produktion war
dann auch der Absatz dieses völlig unbekannten Stoffs. Die
Firma mußte zunächst einmal dafür sorgen, daß er auch weiterverarbeitet werden konnte, also selbst Verarbeitungs- und An-
wendungsmöglichkeiten schaffen. Diese Notwendigkeit hat
dem Mannheimer Werk seine besondere Bedeutung als Roh-
stofflieferant für die ganze Welt und gleichzeitig auch als Er-
zeuger von Fertigwaren gegeben.

Im Jahre 1885 wurden das Hauptwerk und wertvolles Material durch ein verheerendes Feuer, der Hauptgefahr bei der
Herstellung und Verarbeitung von Zelluloid, vernichtet. (Mehrere Brandkatastrophen folgten noch in den nächsten Jahrzehnten.) Nach dem Wiederaufbau änderte die Firma ihren
Namen in «Rheinische Gummi- und Celluloidwarenfabrik»
und stellte zunächst nur Kämme aus Zelluloid her. Ihr Warenzeichen wurde die Schildkröte (zunächst ohne Raute) als «Sym-
bol der Dauerhaftigkeit und Widerstandsfähigkeit», und diese
wurde 1889 beim Kaiserlichen Patentamt in Berlin eingetragen.

Im folgenden erforschte man nicht nur immer neue Anwen-
dungsgebiete für das Zelluloid, sondern erreichte vor allem
qualitative Verbesserungen, die ohne die Verbindung zwischen
Rohmaterialfabrikation und Fertigwarenherstellung im eigenen Werk gar nicht möglich gewesen wären. Man hatte damit
den Vorteil, die Erkenntnisse aus der Fertigwarenherstellung
auf die Rohmaterialfabrikation übertragen und so das Rohma-
terial ständig verbessern zu können. Diese Pionierarbeit wurde
belohnt, es erfolgte ein schneller Aufstieg des Mannheimer
Werks, und dem neuen Rohstoff Zelluloid und damit auch der
Zelluloidpuppe war ein glänzender Erfolg beschieden.

Um 1900 · Ziegenlederkörper · Kniegelenke mit Zwickel · Unterarme aus
Holz mit Ellbogengelenken · Miblu-
Schulterkopf · braune Echthaarperü-
rücke · blaue Schlafaugen mit Wimpern · modellierte Augenbrauen · offener Mund mit Zelluloidzähnchen
45 cm · Preisgruppe J
Schildkröte o. Raute
Halsmarke: SCHUTZ-MARKE
12

Puppen und Puppenköpfe wurden ab 1894 in das Fertigungsprogramm aufgenommen, als man die Möglichkeiten des Modellierens und Gestaltens mit dem Material erkannt hatte und künstlerisch ausnützen wollte. 1896 kamen die ersten unbeweglichen Zelluloidpuppen auf den Markt, hergestellt mit der Preßmethode. Der «Rheinischen» war damit ein Verfahren gelungen, welches erstmals die Herstellung von Puppen auf industrieller Basis gestattete. Die Zelluloidpuppen wurden als leicht, unzerbrechlich, abwaschbar und farbecht angeboten – Eigenschaften, die es bisher noch nicht gegeben hatte und die zur damaligen Zeit hoch eingeschätzt wurden. Diese ersten Puppen glichen vom Aussehen her eher einem Erwachsenen als einem Kind. Sie hatten modellierte Frisuren, feststehende Köpfe, waren unbeweglich oder nur an den Armen beweglich und wurden in verschiedenen Größen gefertigt. Ab 1897 waren auch die Beine der Puppen beweglich.

1899 ließ sich die «Rheinische» einen Kurbelkopf mit modellierter, abnehmbarer Frisur und Glasaugen patentieren. Dieser Puppenkopf wurde als «wie ein Porzellanmodell aussehend» angeboten. Bis zu diesem Zeitpunkt waren die Puppenköpfe aus Zelluloid entweder fest mit dem Körper verbunden oder Kurbelköpfe mit gemalten Augen. Puppenaugen aus Glas im Kopf anzubringen, war schwierig, Schlafaugen gar unmöglich, und um nun eine größere Öffnung zum Einsetzen der Glas-

«Wechselpuppe» 1910

Diese sehr seltene Puppe mit den ursprünglich fünf auswechselbaren Köpfen ist ganz aus Zelluloid. Arme und Beine sind auf Scheibengelenk beweglich; die Beine sind besonders lang und so konstruiert, daß die Puppe gut sitzen kann. Die gerippten hellblauen Strümpfe und braunen Stiefel mit Absätzen und je vier Knöpfen sind modelliert. Ein hölzerner Dübel, der aus dem Körper wie ein Hals herausragt, ermöglicht das Befestigen der fünf Köpfe.
In Amerika wurde diese künstlerisch ausgeführte Charakterpuppe als «Five in One Doll» angeboten und wie folgt vorgestellt: «Die Kinder werden niemals müde, mit ihr zu spielen, weil sie viele verschiedene Charaktere repräsentiert. Man kauft eine Puppe und kann 5 verschiedene Puppen daraus herstellen – mit dem Auswechseln des Kopfes entsteht für fast jeden Tag in der Woche ein neuer Typ, ein neues Spielzeug.»
Alle Köpfe sind ungemarkt. Preisgruppe LP.

Körpermarke: Schildkröte ohne Raute
SCHUTZMARKE
24
GERMANY
D.R.G.M.
447828

Abgebildet:

Jungenkopf (Kaiserbaby) · kurze, rauhe, fellartig aufgespritzte «Spezialfrisur» · Grübchen · gemalte blaue Augen · offen-geschlossener Mund

Mädchenkopf · geprägte Haare · gemalte blaue Augen · geschlossener Mund

Mädchenkopf · blonde Mohairperücke (Originalfrisur) · gemalte blaue Augen · geschlossener Mund

Nicht abgebildet:

Mädchenkopf · geprägte lockige Haare · etwas dunkler · gemalte blaue Augen · Grübchen · geschlossener Mund

Mädchenkopf · braune Mohairperücke · gemalte blaue Augen · geschlossener Mund

Katzenkopf · weiß · schwarze Ohren · aufgemalte Barthaare · grüne Augen · rote Schleife · Die Kombination mit dem Katzenkopf wurde wahrscheinlich vorwiegend für den amerikanischen Markt hergestellt.

Schildkröte mit Raute, altes Zeichen. Es wurde bis 1930 verwendet und ist an den nach vorne gerichteten Füßen der Schildkröte zu erkennen.

augen zu haben, machte man das Zelluloidperückenteil des Kopfes abnehmbar und wieder aufsetzbar wie einen Deckel.

Um 1900 änderte die «Rheinische» ihr Warenzeichen: Eine Rautenlinie umrahmte nun die Schildkröte (altes Zeichen). Hier muß jedoch erwähnt werden, daß Puppen mit der Schildkrötmarke ohne Raute nicht nur bis 1900 produziert wurden, sondern daß beide Formen (mit und ohne Raute) eine Zeitlang nebeneinander produziert wurden. Man kann daher eine genaue Datierung allein anhand der Raute nicht vornehmen.

Die «Rheinische» war von Anfang an Marktführer für Zelluloid und seine Verarbeitung. Rohzelluloid stellte ausschließlich diese Firma her und verkaufte es auch an andere Puppenfabriken. Sie produzierte für andere Firmen mit deren Warenzeichen und zusätzlich mit der Schildkrötmarke (Doppelsignierung) Rohköpfe, sogenannte Rohlinge, nach Modellen der Auftraggeber. Die für die Herstellung der Modelle und Preßformen notwendigen Werkzeuge wurden von der «Rheinischen» angefertigt und an die jeweiligen Auftraggeber ausgeliehen. Die Rohlinge waren noch nicht bemalt, sondern wurden erst in den einzelnen Puppenfabriken weiterverarbeitet und fertiggestellt. So war es möglich, daß ein und derselbe Puppentyp (gleiche Kopfform), den verschiedene Firmen als Rohling bezogen, dennoch unterschiedlich ausfiel, weil jede Puppenfabrik durch die Bemalung des Gesichts, Aufmalen oder Einsetzen von Augen das Aussehen des Puppenkopfes veränderte.

Die frühen Zelluloidpuppenköpfe ähnelten dem bleichen Biskuit, dem sie farblich nachempfunden waren. 1902 übernahm die «Rheinische» von Kämmer & Reinhardt das Verfahren, Puppenköpfe mit kräftigen, dauerhaften Farben herzustellen. Die Produktion von Puppenköpfen wurde immer umfangreicher; es wurden nun auch Schulterköpfe mit modellierter Frisur oder mit Perücke gefertigt. Daraus ergaben sich dann Patentanmeldungen für Puppenaugen aus Glas mit Zelluloidfassung, für ein Verfahren zum Einsetzen und Befestigen von Glasaugen, 1904 für einen Zelluloidpuppenbalg mit beweglichen Gliedern und 1905 für ein Verfahren zum Einsetzen von Schlafaugen, die seither bei der Herstellung des Kopfes mit «eingebaut» wurden. Die Zelluloid-Brustblattköpfe wurden an Körper aus Ziegenleder oder Stoff genäht oder geklebt, die teilweise bereits Unterarme und Beine aus Zelluloid besaßen.

Außer Puppen- und Puppenteilen produzierte die «Rheinische» von Anfang an auch viele Zelluloidfiguren und -tiere, auch Zelluloidmasken und vor allem Babyspielsachen aus Zelluloid (Rasseln etc.). 1914 mußte sie auf Kriegsproduktion umstellen und konnte erst nach Kriegsende wieder neu beginnen.

1926 ließ die «Rheinische» das Warenzeichen «MIBLU» und ihre «MIBLU-Köpfe» patentieren. Diese Köpfe gab es aber

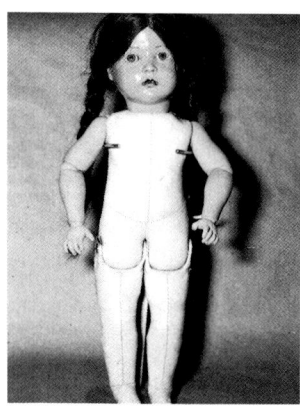

Um 1920 · Lederkörper mit beweglichen Beinen aus Leder · Kugelgelenkarme aus Holz mit Händen aus Gummi · Zelluloidkurbelkopf · braune Echthaarperücke · blaue Schlafaugen · offener Mund mit Zelluloidzunge · Mamastimme
40 cm · Preisgruppe J
Halsmarke: Schildkröte in Raute[1]
Germany
35
[1] altes Zeichen

schon seit 1900. Es handelte sich dabei um transparentes, wachsartiges Zelluloid das von innen zuerst mit einer cremig-weißen Farbe bestrichen und dann mit blutroter Farbe überspritzt wurde. Die Bezeichnung MIBLU ergibt sich aus der Abkürzung von Milch (weiße Farbe) und Blut (rote Farbe). MIBLU-Köpfe wurden als Schulter- und Kurbelköpfe auch für andere Puppenfabriken hergestellt. Einen MIBLU-Kopf erkennt man heute meist an einer ziemlich dunklen Verfärbung des Teints. Wo sich die Farbschicht im Kopf gelöst hat, zeigen sich dunkle, durchscheinende Stellen.

25 Jahre nach der Gründung hatte die «Rheinische» Niederlassungen unter eigener Leitung in Berlin, Paris, Wien, London und New York. Die Chronik der Firma vermerkt mit Stolz: «Unsere Gesellschaft kann sich ohne Übertreibung zu den größten der Branche, vielleicht zu den größten der Welt rechnen.»

1930 übernahm die «Rheinische» die Celluloidfabrik Dr. Paul Hunaeus und deren Patente. Die früheren Hunaeus-Produkte erhielten sofort die Schildkrötmarke. Im selben Jahr änderte die «Rheinische» ihr Markenzeichen leicht ab – es ist eine geringfügige Änderung, aber für den Sammler wichtig, da sie bei einer genaueren Datierung der Puppen helfen kann: Die Füße der Schildkröte sind nach hinten weggebogen, während sie beim älteren Zeichen deutlich sichtbar nach vorne gehen.

Hauptsächlich nach 1930 begann die «Rheinische» ihren Zelluloidpuppen den Charakter von wirklichen Spielpuppen zu geben, das heißt, die Entwicklung der Puppe ging mehr und mehr zum Kindlichen über. Sie sollte ein Kind fürs Kind sein, um dadurch ihren hohen erzieherischen Aufgaben gerecht werden zu können. Für diesen kindlichen Puppentyp stehen die Anfang der dreißiger Jahre nacheinander produzierten Puppen. Zitat aus einem zu dieser Zeit von der «Rheinischen» herausgegebenen Werbeheft: «In jedem Fall muß das Gesicht der Puppe zu ihrem Wesen passen, weder das Puppengesicht noch das steife Damengesicht sind das Richtige. Diesem Grundsatz folgend hat Frau Schildkröte eine muntere Kinderschar um sich gesammelt und jeder Puppe einen passenden Namen gegeben: *Hans*, so heißt der Älteste, ein trotziger Bursche, *Inge*, seine Lieblingsschwester, auch ‹Sonnenkind› genannt, *Bärbel* mit ihren hübschen Schneckenzöpfchen, *Christel*, das man durch entsprechende Bekleidung als Junge oder als Mädel verwenden kann, *Strampelchen*, das Jüngste – man muß es lieb haben, mit all seinen kleinen Geschwistern, die dazugekommen sind und um die Wette abwechselnd am Sauger oder Daumen lutschen. Alle diese Schildkröt-Kinder wollen nicht nur Puppe sein, sondern vielmehr lebensechte Spielkameraden ihrer kleinen – oder oft sogar auch der großen Puppenmütter.» Diese fünf Puppentypen, zu denen etwas später noch das Modell *Erika* (mit der modernen

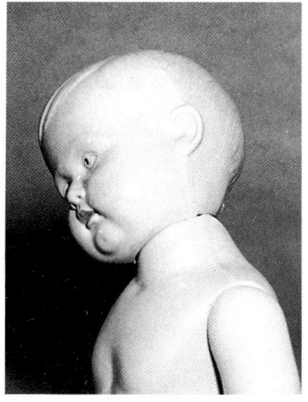

Um 1930 · mit Drehkopf (siehe Paul Hunaeus) · Körper und Glieder aus Zelluloid · Scheibengelenke · Kurbelkopf, drehbar auf dem fest mit dem Körper verbundenen Halszapfen · modellierte Haare · gemalte blaue Augen · offen-geschlossener Mund
28 cm · Preisgruppe F

Halsmarke:	Schildkröte in Raute
	Germany

Körpermarke:	Schildkröte in Raute[1]
	28
	Germany
	D.R.P.

[1] altes Zeichen

Zeichen ab 1930. Die Füße der Schildkröte sind nach hinten gebogen.

Heutiges Zeichen der Firma Schildkröt-Puppen GmbH, Kaufbeuren.

Lockenfrisur) kam, erfreuten sich immer wachsender Beliebtheit. Sie wurden alle bis in die fünfziger Jahre produziert und gelten heute wohl als die «typischen Schildkrötpuppen». Sie waren ganz aus Zelluloid mit geprägten Haaren, beweglichen Gliedern und je nach Größe mit unbeweglichem oder beweglichem Kopf. Es gab sie in den verschiedensten Ausführungen und Größen (*Strampelchen* und *Christel* auch als Negerversion).

In den Jahren zwischen 1939 und Kriegsende stellte die «Rheinische» wieder einmal auf Kriegsproduktion um und konnte erst danach wieder normal produzieren. Ab Mitte der fünfziger Jahre fertigte sie hauptsächlich Puppen aus den zelluloidähnlichen Kunststoffen Cellidor und Tortulon. Das bekannteste Modell aus dieser Serie ist wohl der Puppentyp *Ursel* (mit moderner Kurzhaarfrisur). Charakteristisch für alle Puppen aus Tortulon und Cellidor sind sehr schlanke Puppenkörper und Arme immer auf Kugelgelenk (statt Scheibengelenk).

Zwischen 1955 und 1961 fertigte die «Rheinische» zwei verschiedene Modelle für Käthe Kruse. Diese Puppen waren aus Tortulon hergestellt, mit der Schildkrötmarke und dem Zusatz «Modell Käthe Kruse» signiert und wurden nur von der «Rheinischen» vertrieben. Die Schildkrötpuppen «Modell Käthe Kruse» waren jedoch kein Erfolg, und so stellte man die Produktion etwa 1961 wieder ein.

Im Sommer 1963 wurde die gesamte Zelluloidanlage der «Rheinischen» abgebaut, und 1966 erfolgte die Umbenennung in «Schildkröt AG». Der heutige Sitz des Unternehmens ist Kaufbeuren im Allgäu. Dort entstehen vor allem Puppen aus Vinyl, aber seit einigen Jahren auch Repliken der Brustkopfpuppe von 1926 und der beliebten Puppentypen *Inge, Hans, Bärbel* und *Erika*. Diese Repliken sind nicht mehr aus Zelluloid, sondern aus Cellidor gefertigt, sie sind nur in Größe 46 erhältlich, haben moderne feststehende Schalenaugen und sind mit dem heutigen Schildkrötzeichen gemarkt. Der Sammler kann eine solche Replik leicht von einer Originalpuppe gleichen Typs aus Zelluloid unterscheiden.

Schildkröt-Bilderbücher: «Im Kinderland» (erschien 1933) und «Die Sternenfahrt der Schildkröt-Kinder» (siehe auch Seite 123).

«Rodler» 1909 · Zelluloidpuppe · bewegliche Arme und Beine · Scheibengelenke · feststehender Kopf · geprägte Haare · braune gemalte Augen · geschlossener Mund · geprägte Kleidung (Rollkragenpullover, Strickhose, gerippte Kniestrümpfe, Schuhe) 18 cm · Preisgruppe E

Körpermarke:

Schildkröte o. Raute
SCHUTZMARKE
18
GERMANY

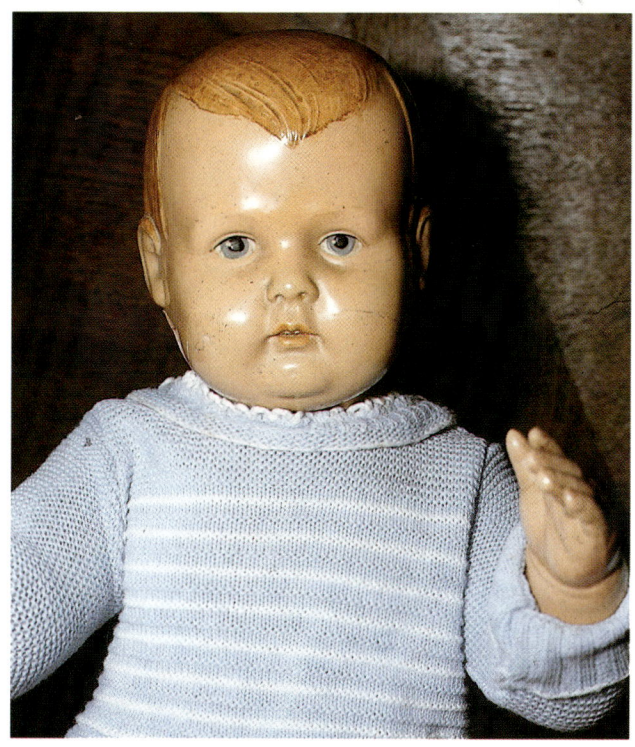

Sitzbaby 1930 · Bewegliche Arme und Beine · Scheibengelenke · Kurbelkopf · geprägte blaue Augen · offen-geschlossener Mund mit zwei gemalten Zähnchen · (siehe auch Paul Hunaeus) 35 cm · Preisgruppe E

Halsmarke:

35
Schildkröte in Raute

Körpermarke:

Schildkröte in Raute
35

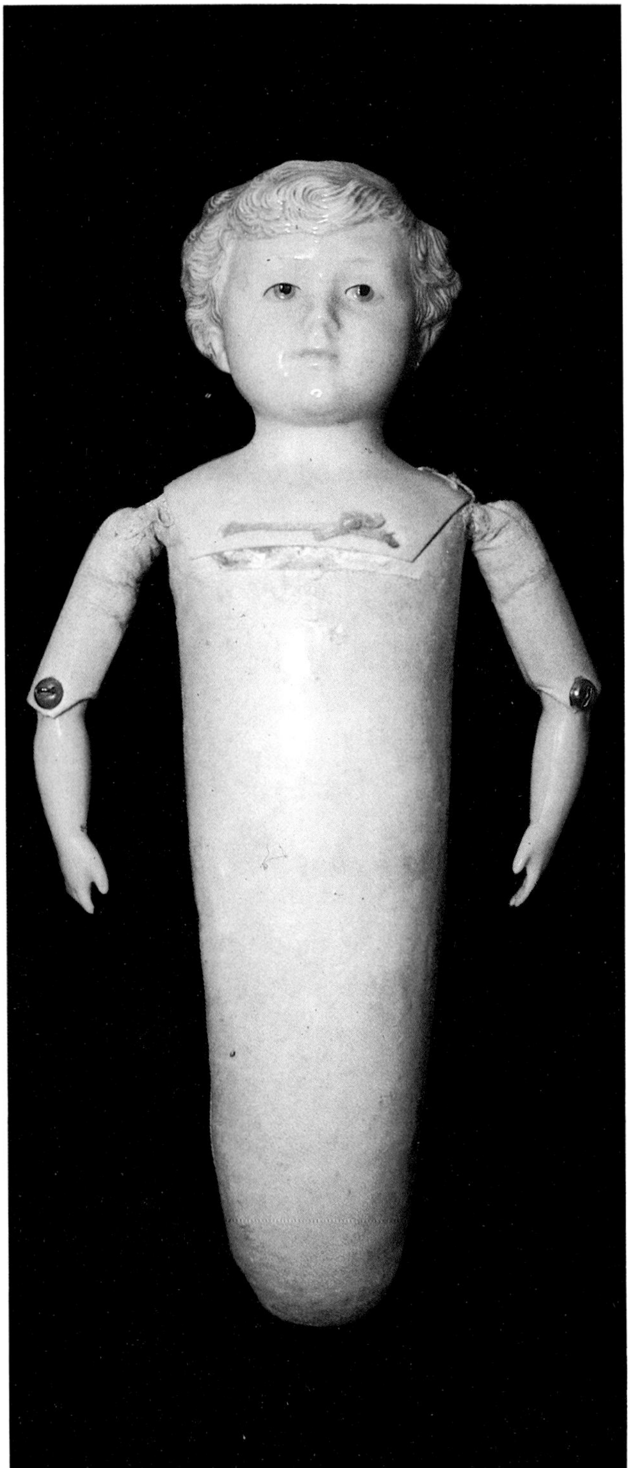

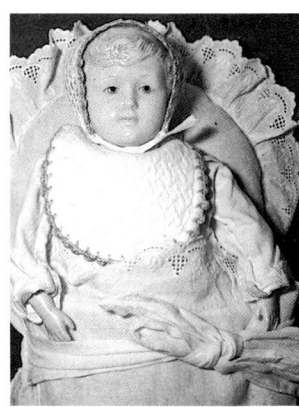

«Fatschen-(Wickel-)Kindl» um 1896/
1900 · Ziegenlederstumpf · Zelluloidarme mit Ellbogengelenken · Zelluloidschulterkopf mit modellierten
Haaren · gemalte Augen · geschlossener Mund
30 cm · Preisgruppe K

Schildkröte o. Raute
Halsmarke: SCHUTZ-MARKE
10

Stehpuppe um 1900 · Junge, ganz aus Zelluloid · Kopf, Körper und Beine an einem Stück · nur Arme beweglich · stämmiger, rundlicher Kinderkörper mit dickem «Bäuchlein» und ebensolchem Hinterteil · modellierte Haare · gemalte Augen · geschlossener Mund 42 cm · Preisgruppe J

Körpermarke: SCHUTZ-MARKE
Schildkröte o. Raute

Stehpuppen um 1900

Mitte: Mädchen · ganz aus Zelluloid · geprägte Schuhe und Strümpfe · nur Arme beweglich · modellierte Haare · gemalte Augen · geschlossener Mund 13 cm · Preisgruppe E

Körpermarke: Schildkröte o. Raute
SCHUTZ-MARKE
13

Links: Mädchen · unbeweglich · geprägte Schuhe und Strümpfe · modellierte Haare · gemalte Augen · geschlossener Mund
7 cm · Preisgruppe B

Körpermarke: Schildkröte o. Raute
SCHUTZ-MARKE

Rechts: Junge · unbeweglich · gemalte Schuhe und Strümpfe · modellierte Haare · gemalte Augen · geschlossener Mund
7,5 cm · Preisgruppe B

Körpermarke: Schildkröte o. Raute
7½
GERMANY

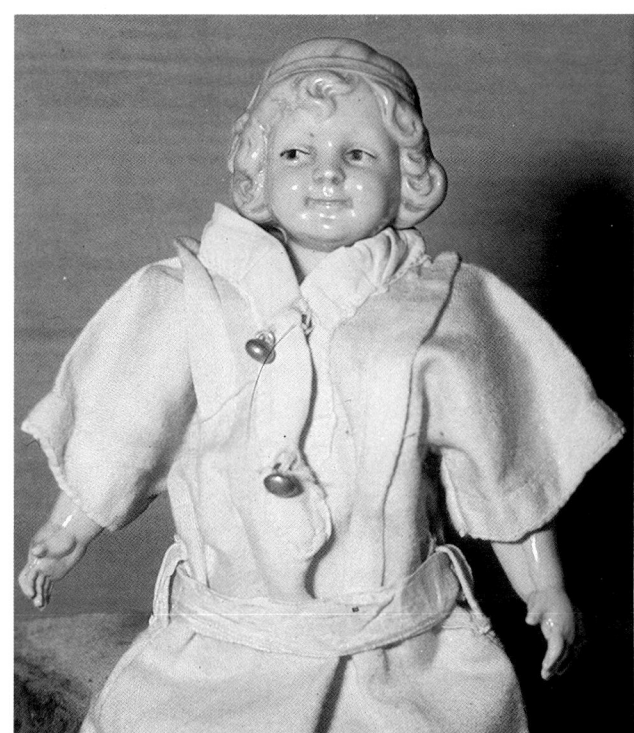

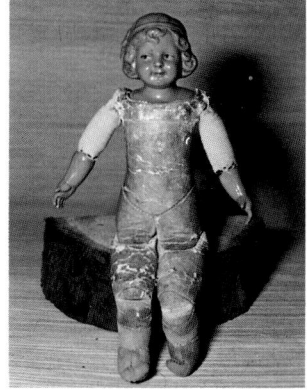

Um 1910 · Lederkörper mit Universalgelenken · Kniegelenke mit Zwickel ·
Zelluloidunterarme ohne Ellbogengelenke · Zelluloidschulterkopf mit modellierten Haaren · modelliertes Haarband mit Schleife · gemalte Augen · geschlossener Mund
25 cm · Preisgruppe G
                  Schildkröte m. Raute[1]
Halsmarke: Germany
                      4

[1] altes Zeichen

Um 1900 · Stoffkörper · Kniegelenke
mit Zwickel · Zelluloidunterarme ohne
Ellbogengelenke · Miblu-Schulterkopf · blonde Mohairperücke · braune
Schlafaugen · modellierte Augenbrau-
en · offener Mund mit Zelluloidzähnchen
47 cm · Preisgruppe G
                  Schildkröte o. Raute
Halsmarke: SCHUTZ–MARKE
                   13

Seite 94: Stehpuppen um 1900

Vorne: Ganz aus Zelluloid · nur Arme
beweglich · modellierte Haare · gemalte Augen · geschlossener Mund
14 cm · Preisgruppe F
                  Schildkröte o. Raute
Körpermarke: SCHUTZ–MARKE
                   14

Hinten: Gleiche Ausführung
22,5 cm · Preisgruppe E
                  Schildkröte o. Raute
Körpermarke: SCHUTZ–MARKE
                 22½

Um 1900 · Stoffkörper mit abgenähten Gelenken · Zelluloidunterarme mit brauner Echthaarperücke · feststehende braune Glasaugen · modellierte Augenbrauen · offener Mund mit Zelluloidzähnchen
42 cm · Preisgruppe G

Halsmarke:

Germany
Schildkröte o. Raute
SCHUTZ–MARKE
11½

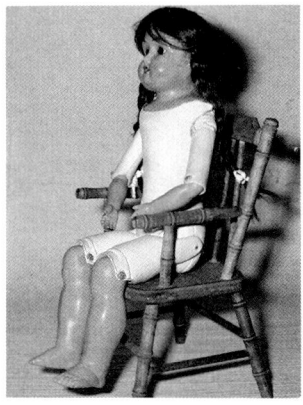

Um 1910 · Lederkörper mit Universalgelenken · Unterarme und Unterschenkel aus Zelluloid · Zelluloidschulterkopf · braune echthaarperücke · braune Schlafaugen · modelliert Augenbrauen · offener Mund mit Zelluloidzähnchen
52 cm · Preisgruppe J

Germany
Halsmarke: Schildkröte in Raute[1]
14

[1] altes Zeichen

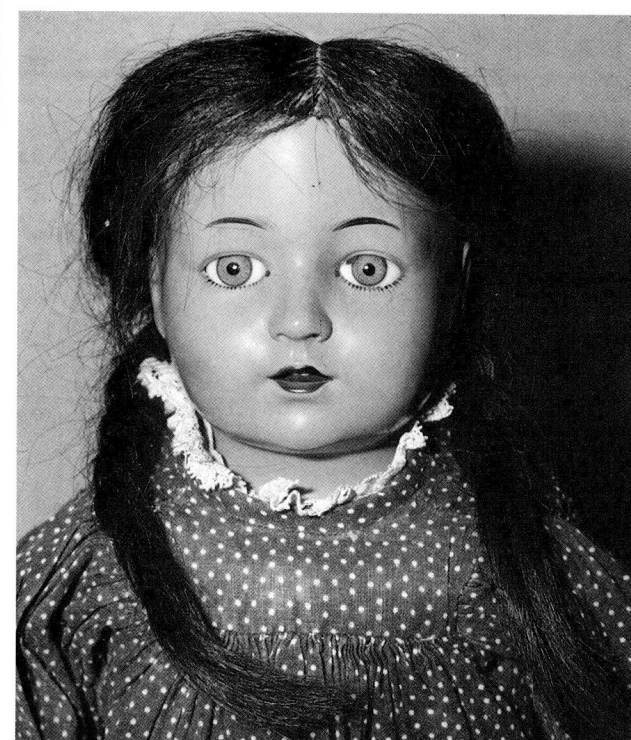

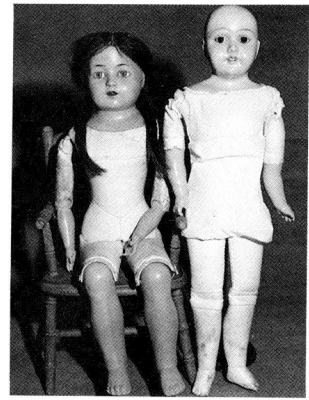

Kleines Bild:

Links: 1926 · Lederkörper mit Universalgelenken · Unterarme und Unterschenkel aus Zelluloid · Zelluloidschulterkopf
53 cm · Preisgruppe H

Rechts: Um 1899 · Lederkörper mit abgenähten Gelenken · Unterarme aus Zelluloid (ohne Ellbogengelenke) · oben geschlossener Zelluloidschulterkopf
52 cm · Preisgruppe J

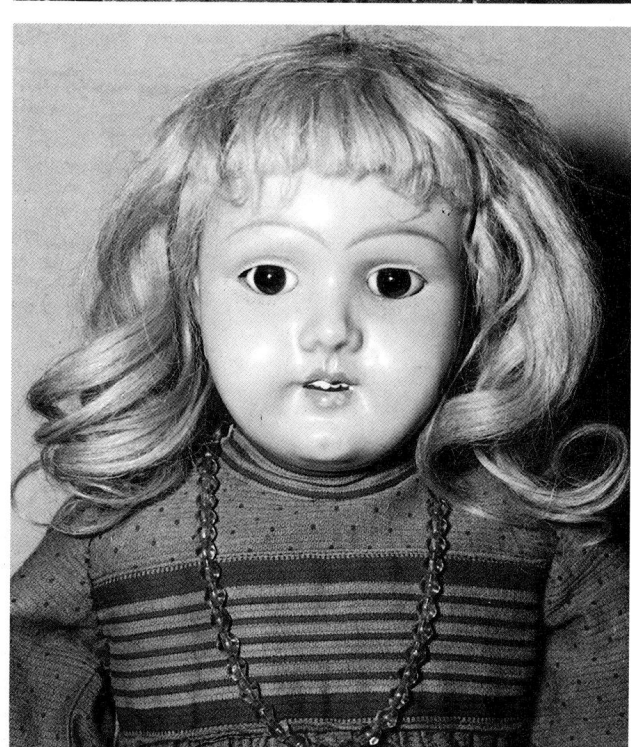

Oben, großes Bild: Braune Echthaarperücke · blaue Schlafaugen mit beweglichen Lidern aus Zelluloid · feststehende Augäpfel · offener Mund mit Zelluloidzähnchen

Halsmarke: Schildkröte in Raute[1]
Germany
14
1926

[1] altes Zeichen

Unten: Blonde Mohairperücke · feststehende braune Glasaugen · offener Mund mit Zelluloidzähnchen
SCHUTZ-MARKE
Halsmarke: Schildkröte o. Raute
15

97

Seite 98: Um 1910 · Lederkörper mit Universalgelenken · Unterarme und Unterschenkel aus Zelluloid · Zelluloidschulterkopf · blonde Mohairperücke · braune Schlafaugen · offener Mund mit Zelluloidzähnchen
52 cm · Preisgruppe J
Germany
Halsmarke: Schildkröte in Raute[1]
SCHUTZ–MARKE
14

Seite 99: «Kaiserbaby» um 1910 · Sitzbaby, ganz aus Zelluloid · Arme und Beine auf Scheibengelenken · feststehender Kopf · gemalte Haare · geprägte blaugraue Augen (ohne Augenweiß) · offen-geschlossener Mund mit modellierter Zunge
22 cm · Preisgruppe F
Körpermarke: Schildkröte o. Raute
SCHUTZ–MARKE
22
Germany

«Kaiserbabys», alle um 1910 · Die von Kämmer & Reinhardt entworfene und von der «Rheinischen» als Zelluloidversion herausgebrachte Babypuppe wurde in Sammlerkreisen als «Kaiserbaby» bekannt. Hier ein Gruppenbild dieses Puppentyps.

1. 16,5 cm · Preisgruppe E
Körpermarke: Schildkröte o. Raute
SCHUTZMARKE
16½
Germany

2. Babykörper · Arme und Beine mit Scheibengelenken · feststehender Kopf · geprägte dunkle Augen ohne Augenweiß · offen-geschlossener Mund mit modellierter Zunge
11 cm · Preisgruppe C
Körpermarke: Schildkröte o. Raute
SCHUTZMARKE
11
Germany

3. 9,5 cm · Preisgruppe B
Körpermarke: Schildkröte o. Raute
9½
Germany

4., 6. Zwei Babys · 7,5 cm · Preisgr. A
Körpermarke: Schildkröte in Raute[1]
SCHUTZMARKE
7½
Germany

5. 14 cm · Preisgruppe D
Körpermarke: Schildkröte in Raute[1]
SCHUTZMARKE
14
Germany

7., 8.: Beschreibung linke Spalte unten und Seite 101 oben

[1] altes Zeichen

100

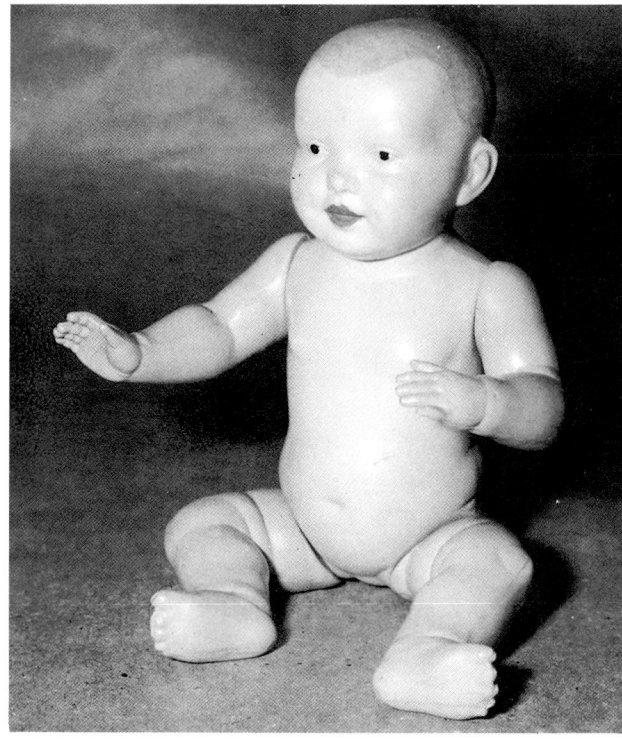

«Kaiserbaby» um 1910 · Babykörper ·
Arme und Beine beweglich · feststehender Kopf · leicht modellierte Haare
· geprägte dunkle Augen ohne Augenweiß · offen-geschlossener Mund mit
modellierter Zunge
20 cm · Preisgruppe F
Körpermarke: Schildkröte o. Raute
SCHUTZ–MARKE
20
Germany

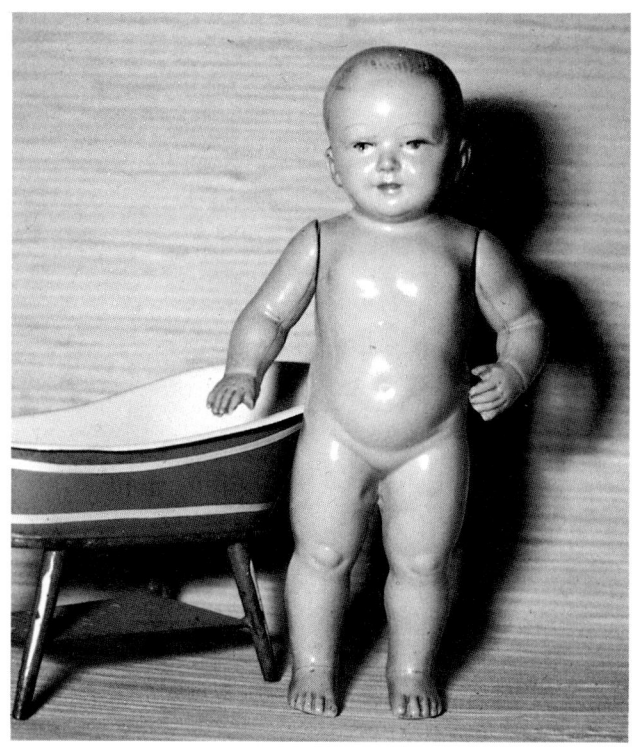

Das «Kaiserbaby» als Stehpuppe um
1910 · Puppe ganz aus Zelluloid · nur
Arme beweglich · Kopf, Rumpf und
Beine an einem Stück · Kopf leicht
nach rechts geneigt · leicht geprägte
Haarsträhnen · geprägte blaue Augen ·
offen-geschlossener Mund mit modellierter Zunge
20 cm · Preisgruppe F
Körpermarke: Schildkröte in Raute[1]
SCHUTZ–MARKE
20
Germany

[1] altes Zeichen

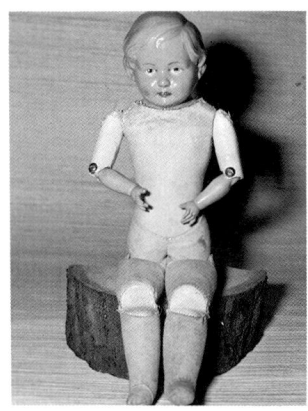

Um 1910/15 · Stoffkörper mit Universalgelenken · Kniegelenke mit Zwickel · Zelluloidunterarme mit Ellbogengelenken · Zelluloidschulterkopf mit modellierten Haaren · geprägte Augen · offener Mund mit Zelluloidzähnchen
33 cm · Preisgruppe G

Halsmarke: Schildkröte in Raute[1]
                    10

[1] altes Zeichen

Stehpuppe um 1920 · Mädchen, ganz aus Zelluloid · Kopf, Körper und Beine an einem Stück · nur Arme beweglich · modellierte Haare · gemalte Augen · geschlossener Mund
18,5 cm · Preisgruppe E

            Schildkröte in Raute[1]
Körpermarke: SCHUTZ–MARKE
                18½

[1] altes Zeichen

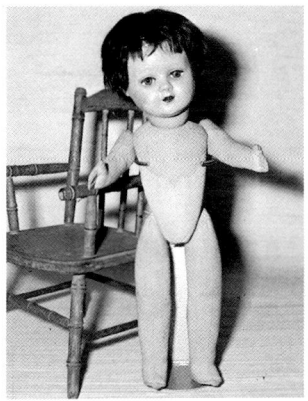

1918 · Stoffkörper mit Zelluloidkurbelkopf · braune Mohairperücke · blaue Schlafaugen mit Wimpern · offener Mund mit Zelluloidzähnchen · Kleidung original
40 cm · Preisgruppe G

Halsmarke:
Schildkröte in Raute[1]
SCHUTZMARKE
11½
Germany
1918

[1] altes Zeichen

«Klein-Ella» · um 1920 · Compositionkörper und -glieder · Miblu-Kurbelkopf aus Zelluloid · Perücke · braune Schelmenaugen · offener Mund mit Zelluloidzunge und zwei Zelluloidzähnchen
45 cm · Preisgruppe G

Halsmarke:
Schildkröte in Raute[1]
Germany
40

[1] altes Zeichen

RHEINISCHE

Um 1920/25 · Stoffkörper · Arme und Beine beweglich auf Scheibengelenken · Zelluloidhände (drehbar) · Zelluloidkurbelkopf mit geprägten Haaren · geprägte blaue Augen · offen-geschlossener Mund
26 cm · Preisgruppe F

Halsmarke:	Schildkröte in Raute[1]
	Germany
	26
[1] altes Zeichen	25

Denselben Puppentyp gab es von Steiff, nur ist der Körper ganz aus Filz (aber auch beweglich) und der Kurbelkopf aus Zelluloid mit gemalten Augen, später auch mit feststehenden Glasaugen.

Die «Rheinische» lieferte erstmals zwischen 1922 und 1925 Kopfrohlinge an die Firma Steiff. Das besondere Kennzeichen dieses Kopfes: Der Hinterkopf war wie ein Deckel abzunehmen, damit der Miblu-Kurbelkopf von innen bemalt und danach wieder verschlossen werden konnte.

Diese sogenannte «Schlopsnies»-Puppe wurde bis in die dreißiger Jahre von Steiff verkauft. Sie trägt am Hals die Schildkrötmarke (altes Zeichen) und wurde nur in einer Größe – 40 cm – hergestellt.

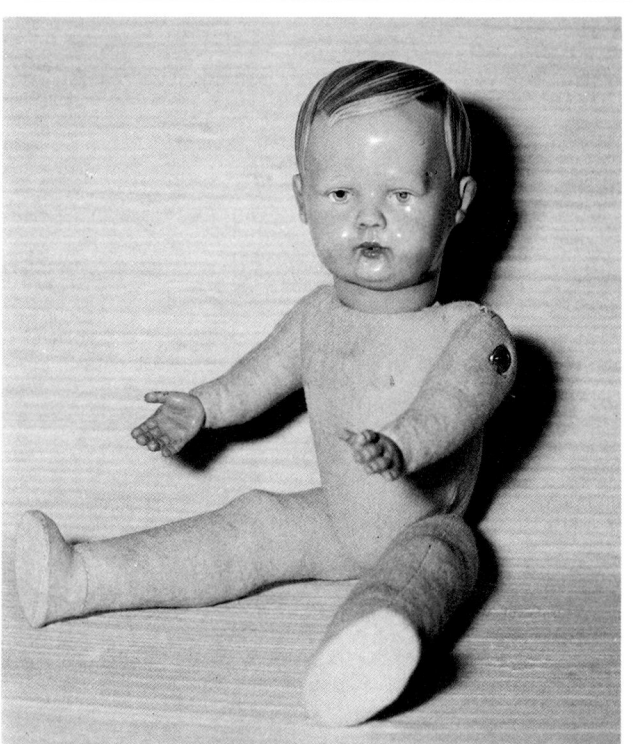

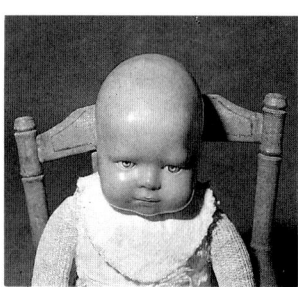

Um 1920 · Säuglingsbaby · Typ Bye-Lo-Baby · Stoffkörper · Arme und Beine beweglich auf Scheibengelenken · Zelluloidhände (drehbar) · Zelluloidringhalskopf, fast transparent mit schöner Bemalung · blaue Schlafaugen · geschlossener Mund
27 cm · Preisgruppe Lp

Halsmarke:	Schildkröte in Raute[1]
	103
[1] altes Zeichen	

Das Modell Nr. 103 wurde auch als Kurbelkopf hergestellt.

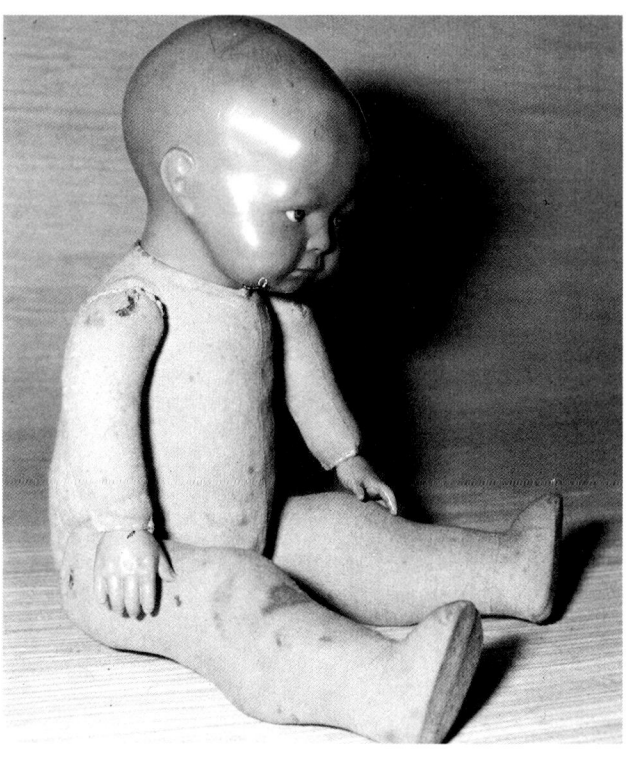

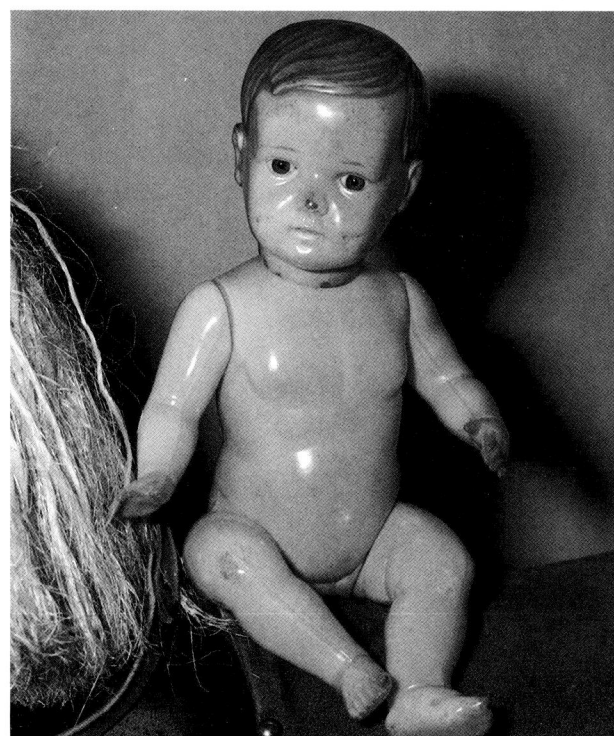

Sitzbaby um 1920 · ganz aus Miblu ·
durchscheinend · Arme und Beine mit
Scheibengelenken · Kurbelkopf · geprägte braune Haare · feststehende
braune Glasaugen · offen-geschlossener Mund
30 cm · Preisgruppe G

Halsmarke:	Schildkröte in Raute[1]
	Germany
	30
	25
Körpermarke:	Schildkröte in Raute[1]
	30
	Germany
	25

[1] altes Zeichen

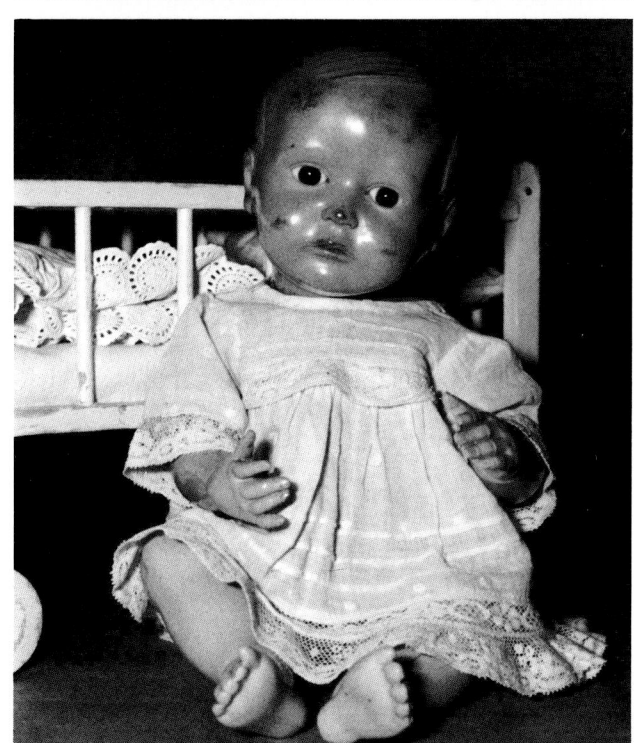

Babypuppe von 1927 mit melancholi-
schem Blick · Körper und Glieder aus
Zelluloid · Scheibengelenke · Miblu-
Kurbelkopf · feststehende braune Glasaugen · geschlossener Mund · herun-
tergezogene Mundwinkel
35 cm · Preisgruppe G

Halsmarke:	Schildkröte in Raute[1]
	Germany
	35
	1927
Körpermarke:	Schildkröte in Raute[1]
	35
	Germany
	25[2]

[1] altes Zeichen   [2] = Körperlänge ohne Kopf

Babypuppe um 1930 · Körper und Glieder aus Zelluloid · Zelluloidkurbelkopf · modellierte Haare · geprägte blaue Augen · offen-geschlossener Mund
42 cm · Preisgruppe F
Hals- und   Schildkröte in Raute[1]
Körpermarke: 39/42
[1] altes Zeichen

Babypuppe um 1925 · Stoffkörper aus Trikot · modellierte Pobacken · Beine mit Scheibengelenken · Arme mit Holzkugelgelenken · Ringhalskopf aus Zelluloid · leicht modellierte Haare · blaue Schelmenaugen · offener Mund · Quietschstimme
45 cm · Preisgruppe F
                    Schildkröte in Raute[1]
Halsmarke: 106/45
                    Germany
[1] altes Zeichen

Seite 107 · Um 1930 · mit Drehkopf (siehe Paul Hunaeus) · Körper und Glieder aus Zelluloid · Scheibengelenke · Kurbelkopf, drehbar auf dem fest mit dem Körper verbundenen Halszapfen · modellierte Haare · gemalte blaue Augen · offen-geschlossener Mund
28 cm · Preisgruppe F

Halsmarke: Schildkröte in Raute
                    Germany

                    Schildkröte in Raute[1]
                              28
Körpermarke: Germany
                         D.R.P.
[1] altes Zeichen

RHEINISCHE

Um 1920 · Körper und Glieder aus Zelluloid · Scheibengelenke · Kurbelkopf · modellierte Haare · geprägte blaue Augen · offen-geschlossener Mund
28 cm · Preisgruppe F

Halsmarke:	Schildkröte in Raute [1]
	Germany
	28
	25

Körpermarke:	Schildkröte in Raute [1]
	SCHUTZ–MARKE
	28
	Germany
	25

Unten rechts: Um 1928 · Scheibengelenke · feststehender Kopf · geprägte Haare · gemalte blaue Augen · modellierte Hemdhose
20 cm · Preisgruppe E

| Körpermarke: | Schildkröte in Raute [1] |
| | 20 |

[1] altes Zeichen

Um 1920 · Entspricht dem amerikanischen Puppentyp «Campbell-Kid» · Scheibengelenke · feststehender Kopf · modellierte Haare · gemalte, seitwärts blickende Augen · modellierte Schuhe und Söckchen
14 cm · Preisgruppe E

Körpermarke:	Schildkröte in Raute [1]
	Germany
	14

[1] altes Zeichen

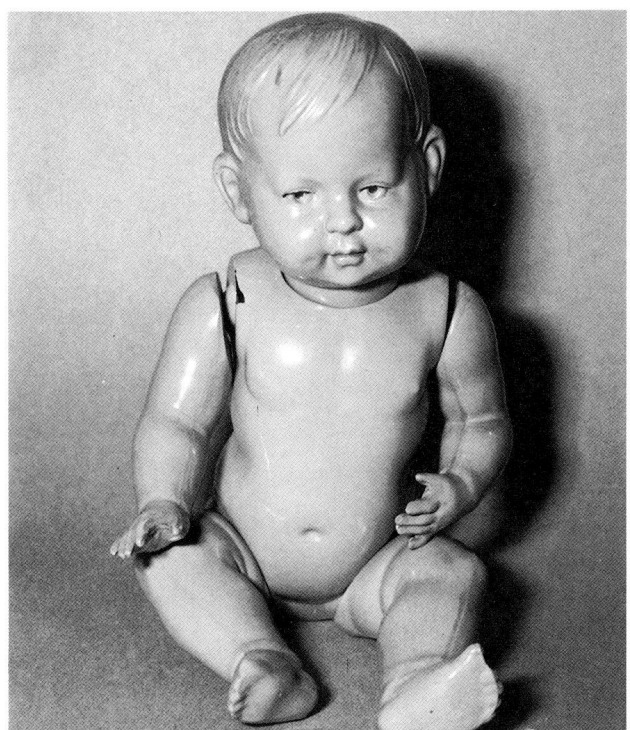

Puppe links im Bild: Um 1915 · Körper und Glieder aus Zelluloid · Scheibengelenke · feststehender Kopf · modellierte Haare · geprägte blaue Augen · offen-geschlossener Mund
22,5 cm · Preisgruppe F

	Schildkröte in Raute[1]
Körpermarke:	22½
	Germany

Puppe rechts im Bild und unten: Um 1915 · Körper und Glieder aus Zelluloid · Scheibengelenke · Zelluloidkurbelkopf · modellierte Haare · geprägte blaue Augen · offen-geschlossener Mund
24 cm · Preisgruppe F

	Schildkröte in Raute
Halsmarke:	Germany
	24

	Schildkröte in Raute[1]
	SCHUTZ–MARKE
Körpermarke:	24
	Germany

[1] altes Zeichen

Googlie-Puppen um 1925

Links im Bild und unten: Gedrungener, grotesker Körper mit übergroßen Füßen · Kopf und Beine feststehend · «Seesternhände» · modellierte Haare mit Schleife · gemalte, seitwärts blickende Augen mit schwarzer Iris

Rechts im Bild: Wie oben · modellierte Haare mit Schwänzchen nach oben (Schleife kann eingebunden werden)
17 cm · Preisgruppe E
Körpermarke: Schildkröte in Raute [1]
                 17
              Germany

Seite 111: Kewpie-Puppe um 1920 · Kopf, Rumpf und Beine aus einem Stück · dicker Bauch · Arme beweglich · modellierte Frisur · gemalte, seitwärts blickende Augen · geschlossener Mund · geprägte Kleidung
11 cm · Preisgruppe E
         Schildkröte in Raute [1]
Körpermarke[2]:   Germany
               11

[1] altes Zeichen
[2] befindet sich auf dem Popo der Puppe

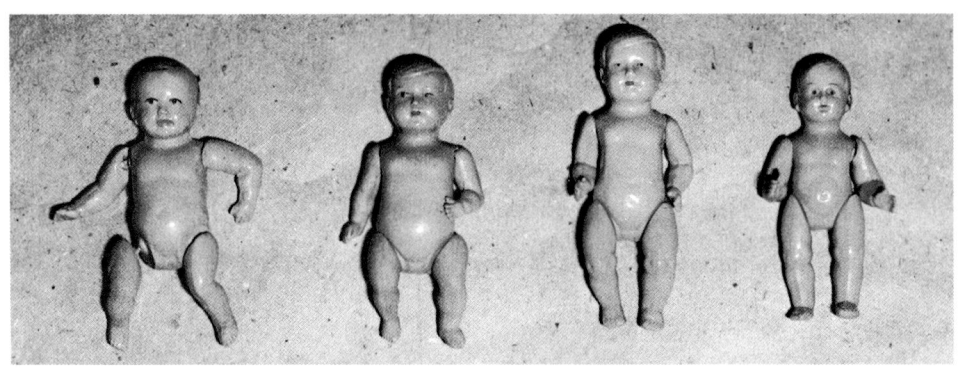

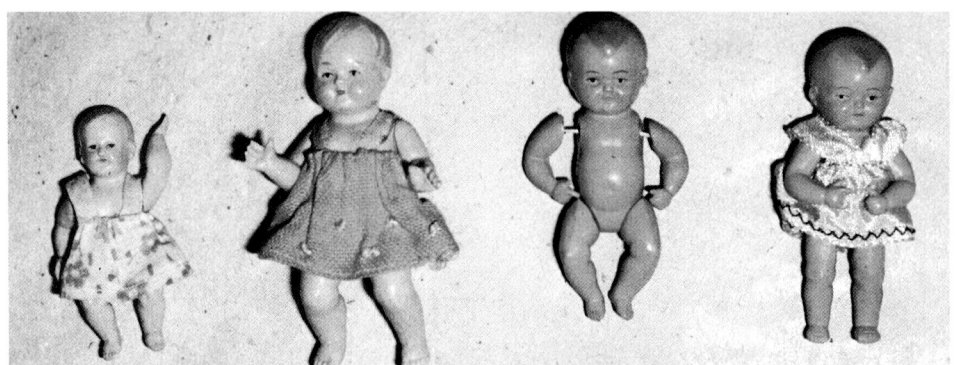

Entwicklungsphasen von Puppenstubenpüppchen mit krummen und geraden Beinen
6–9,5 cm · Preisgruppe A

Puppenstubenpüppchen um 1920/25 ·
Glieder auf Scheibengelenken · festste-
hender Kopf · geprägte Haare · gemalte
Augen

1. 8,5 cm · Preisgruppe A
Körpermarke: Schildkröte in Raute[1]
Germany
8½
1925

2. 8 cm · Preisgruppe A
Körpermarke: Schildkröte in Raute[1]
8

3. 8 cm · Preisgruppe A
Körpermarke: Schildkröte in Raute[1]
8

4. «Kaiserbaby»
7,5 cm · Preisgruppe A
Körpermarke: Schildkröte o. Raute
SCHUTZMARKE
7½
Germany

[1] altes Zeichen

RHEINISCHE

«Anneliese» um 1926 · Diesen Puppentyp gab es mit und ohne Haarband in
den Größen 9, 17, 24 cm.

Puppenstubenpüppchen «Anneliese»
ohne Haarband · Glieder auf Scheibengelenken · feststehender Kopf ·
schön geprägte Haare · gemalte Augen
· geprägte Strümpfe und Schuhe
9 cm · Preisgruppe B

	Schildkröte in Raute[1]
Körpermarke:	9
	Germany

[1] altes Zeichen

«Brüderchen und Schwesterchen» ·
Puppe «Anneliese» mit Haarband ·
Glieder auf Scheibengelenken · feststehender Kopf · sehr schön geprägte
Haare mit Band · gemalte Augen · geschlossener Mund · geprägte Strümpfe
und Schuhe
17 cm · Preisgruppe E

| Körpermarke: | Schildkröte in Raute[1] |
| | 17 |

[1] altes Zeichen

Babypuppen um 1935

Links: Stoffkörper mit angenähten Wachstuchgliedern · Ringhalskopf aus Zelluloid · geprägte Haare · feststehende blaue Glasaugen · offen-geschlossener Mund
40 cm · Preisgruppe E

Halsmarke: Schildkrötmarke
107/40

Rechts: Stoffkörper · Ringhalskopf aus Zelluloid · geprägte Haare · feststehende blaue Glasaugen · offener Mund
40 cm · Preisgruppe E

Halsmarke: Schildkrötmarke
40

Babypuppe «Blondköpfchen» um 1935/40 · Sitzbaby · Glieder mit Scheibengelenken · Körper und Glieder sehr schön modelliert · «Speckfalten» · Kurbelkopf mit geprägten Haaren · blaue Schlafaugen mit Wimpern · offener Mund
56 cm · Preisgruppe F
Hals- und Schildkröte in Raute
Körpermarke: 56

Seite 114: «Martha mit der Schildkröte» um 1925/30 · Zelluloidpüppchen mit beweglichen Gliedern auf Scheibengelenken · feststehender Kopf mit Mohairperücke · gemalte blaue Augen · geschlossener Mund · gemalte rote Schuhe mit weißen Söckchen
13,5 cm · Preisgruppe C

Körpermarke: Schildkröte in Raute[1]
13½

Die Schildkröte war ein Werbegeschenk der «Rheinischen» aus neuerer Zeit.
Marke: Schildkröte in Raute[2]

[1] altes Zeichen   [2] neues Zeichen

115

Seite 116: «Margrit» um 1935/40 · Arme und Beine mit Scheibengelenken ·
Kurbelglattkopf · dunkle Mohairperücke · blaue Schlafaugen mit Wimpern · geschlossener Mund
25 cm · Preisgruppe E

Hals und	Schildkröte in Raute
Körpermarke:	25

Dies Puppe wurde mit Zopf und Schil-
lerlocken unter dem Namen «Margrit»
verkauft, mit Kurzhaarperücke als
«Ingrid». Die Modellierung von Körper und Gliedern erinnert sehr an einen
K&R-Körper.

Der Zelluloidhund ist mit Schildkröte
in Raute gemarkt.

«Ingrid» um 1935/40 · Beschreibung
wie oben, nur blonde Mohairperücke
und blaue Schelmenaugen
49 cm · Preisgruppe E

Halsmarke:	Schildkröte in Raute
	350/49

Körpermarke:	Schildkröte in Raute
	49

117

RHEINISCHE

Negerpuppen um 1948

Links: Hellbraunes Zelluloid · Arme
und Beine mit Scheibengelenken · feststehender Kopf · modellierte Kraushaare · gemalte braune Augen · durchstochene Ohrläppchen · geschlossener
Mund
28,5 cm · Preisgruppe E

Halsmarke: Schildkröte in Raute
28½

Rechts: Dunkelbraunes Zelluloid · Arme und Beine mit Scheibengelenken ·
feststehender Kopf · modellierte
Kraushaare · gemalte braune Augen ·
durchstochene Ohrläppchen · geschlossener Mund
22,5 cm · Preisgruppe E

Körpermarke: Schildkröte in Raute
22½

Negerpuppen «Mambi» 1948 · Zelluloid · Arme und Beine mit Scheibengelenken · feststehender Kopf · modellierte Kraushaare · gemalte braune Augen · durchstochene Ohrläppchen · geschlossener Mund

Links: 13,5 cm · Preisgruppe C
Körpermarke: Schildkröte in Raute
13½

Mitte: 22,5 cm · Preisgruppe E
Körpermarke: Schildkröte in Raute

Rechts: 27,5 cm · Preisgruppe E
Körpermarke: Schildkröte in Raute

Seite 119: «Mambi»-Pärchen 1948

Mädchen: Braunes Zelluloid · Arme
und Beine mit Scheibengelenken · Kurbelkopf mit schwarzer Mohairperücke
· feststehende braune Glasaugen · geschlossener Mund
34 cm · Preisgruppe F

Halsmarke: Schildkröte in Raute
32/34

Körpermarke: Schildkröte in Raute
34

Junge: Dunkelbraunes Zelluloid · Arme und Beine mit Scheibengelenken ·
Kurbelkopf mit modellierter Kraus-
haarfrisur · feststehende braune Glasaugen · geschlossener Mund
41 cm · Preisgruppe F

Halsmarke: Schildkröte in Raute
35/39

Körpermarke: Schildkröte in Raute
41

RHEINISCHE

Vier Zelluloidpüppchen mit feststehendem Kopf

Vorne: «Anneliese» um 1926 · Arme und Beine beweglich · modellierte Haare mit Haarband (wurde auch ohne Haarband geliefert) · gemalte Augen · modellierte Schuhe und Söckchen
17 cm · Preisgruppe E

Körpermarke: Schildkröte in Raute[1]
17
Germany

Mitte links: «Inge» um 1940 · Arme und Beine beweglich · geprägte Haare · gemalte Augen
20 cm · Preisgruppe C

Körpermarke: Schildkröte in Raute
18½ / 19

Mitte rechts: Um 1935 · Arme und Beine beweglich · Mohairperücke · gemalte Augen · geprägte Schuhe und Söckchen
16 cm · Preisgruppe C

Körpermarke: Schildkröte in Raute
16

Hinten: «Bärbel» um 1935 · Arme und Beine beweglich · geprägte Haare · gemalte Augen
18 cm · Preisgruppe E

Körpermarke: Schildkröte in Raute
18½ / 19

[1] altes Zeichen

Um 1935/40 · Stoffkörper mit Zelluloidgliedern · Zelluloidkurbelkopf · schwarze Mohairperücke · blaue Schlafaugen · offener Mund · modellierte Zunge · Zelluloidzähnchen
40 cm · Preisgruppe E

Halsmarke: Schildkröte in Raute
40

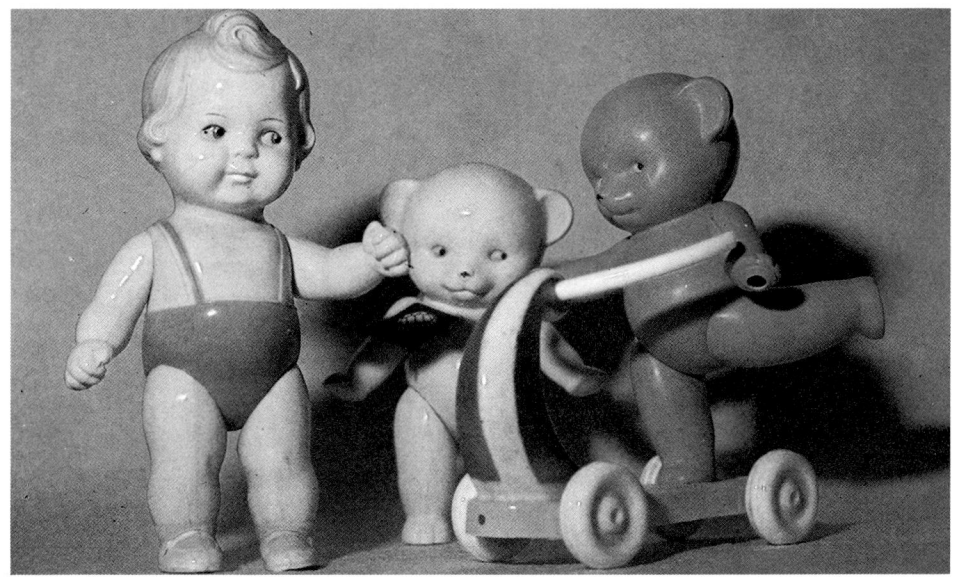

Oben: Püppchen um 1940/50 · bewegliche Glieder · feststehende Köpfe · geprägte Haare · gemalte Augen · Größen von links nach rechts (cm): 13,5 ·
14 · 12,5 · 9,5 · 12,5 · 14
Preisgruppe B/C
Marken: Schildkröte in Raute, Größe

Unten: Puppe und Bären um 1950 ·
Puppe mit modelliertem Trägerhös-
chen (hellblau oder rosa) · Arme und
Beine auf Scheibengelenken· feststehender Kopf · geprägte Haare · gemalte, seitwärts blickende blaue Augen ·
gemalte Schuhe und Strümpfe

17 cm · Preisgruppe D
Marke: Schildkröte in Raute, Größe
Teddybären in rosa und hellblau · bewegliche Glieder · feststehender Kopf ·
gemalte, seitwärts blickende Augen
13,5 cm · Preisgruppe A
Marken: Schildkröte in Raute, Größe

Googlie-Puppen um 1935/40 · Kopf
und Beine feststehend · gedrungener,
grotesker Körper · modellierte Haare
mit Schleife
17 cm · Preisgruppe E

Körpermarke: Schildkröte in Raute
17

Links: «Seesternhände» · gemalte, zur
Seite blickende blaue Augen

Mitte: «Seesternhände» · gemalte, zur
Seite blickende Augen mit schwarzer
Iris

Rechts: Normale Hände · gemalte, zur
Seite blickende Augen

Googlie-Puppe um 1935/40 · Kopf
und Beine feststehend · gedrungener,
grotesker Körper mit übergroßen Füßen · «Seesternhände» · modellierte
Haare · gemalte, zur Seite blickende
Augen mit schwarzer Iris · Kußmünd-
chen
17 cm · Preisgruppe E

Körpermarke: Schildkröte in Raute
17

Schildkröt-Bilderbücher

Diese Büchlein wurden in den dreißiger bis fünfziger Jahren alljährlich von der Rheinischen Gummi und Celluloidwarenfabrik herausgegeben. Die Werbeheftchen waren keine Prospekte oder Kataloge, sondern für das Kind leicht verständliche, schön bebilderte Märchenerzählungen aus dem Schildkröt-Land. In der Phantasie wurden die Schildkröt-Puppen, die sich in Märchengestalten verwandelten, zu wirklichen Kindern und Spielgefährten. Gleichzeitig wurden die Mütter, die ihren Kindern die Märchen vorlesen und die Bilder erklären mußten, mit allen Vorzügen der Schildkröt-Puppen vertraut gemacht.

Oben: «Die Schildkröt-Kinder im Zoo» von 1940

Unten: «Spiele für das ganze Jahr...» von 1941

123

RHEINISCHE

Die Schildkröt-Puppenkinder

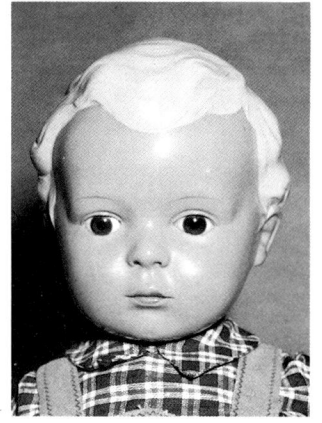

Hans   Bärbel

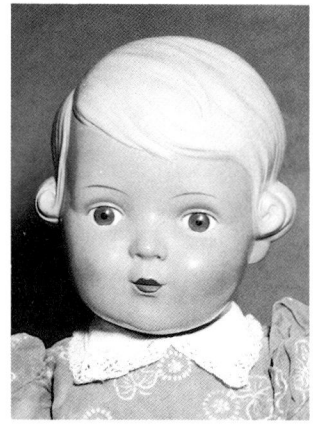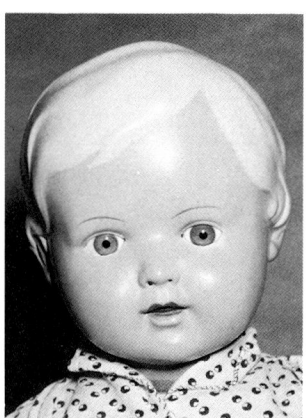

Inge   Christel

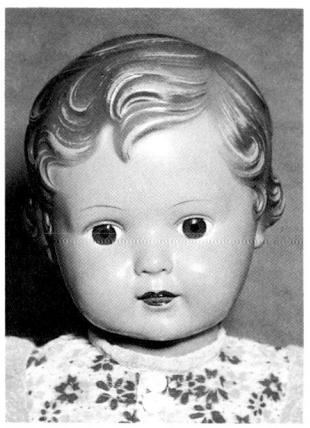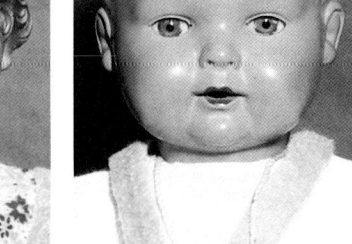

Seite 125: «Rotkäppchen» um 1940/50
· Feststehender Kopf · modellierte
Haare · gemalte blaue Augen · Kleidung original
34 cm · Preisgruppe F

Hals- und   Schildkröte in Raute
Körpermarke: 34

Erika   Strampelchen

124

«Hans und Bärbel» · Diese beiden Puppentypen wurden in den Körperfarben sonnenbraun und fleischfarbig und den Haarfarben weißblond, blond und brünett hergestellt. · Größen 13½/14 bis 64 (Hans) und 13½/14 bis 49 (Bärbel) · Bis Größe 34 feststehender Kopf und gemalte Augen · Ab Größe 41/42 Kurbelkopf, feststehende blaue oder braune Glasaugen oder blaue bzw. braune Schlafaugen · Heute sind Hans und Bärbel beim Sammler als zusammengehörendes Pärchen beliebt, obwohl ursprünglich «Hans und Inge» von der «Rheinischen» als Geschwisterpaar angeboten wurden.

«Bärbel» um 1940 · Kurbelkopf · modellierte braune Haare · blaue Schlafaugen
49 cm · Preisgruppe G

Hals- und Körpermarke:	Schildkröte in Raute 49 Germany

«Bärbel» um 1950 · Kurbelkopf · modellierte weißblonde Haare · feststehende braune Augen · sehr gut erhaltene Puppe (unbespielt)
45 cm · Preisgruppe G

Hals- und Körpermarke:	Schildkröte in Raute 45

«Hans und Bärbel» um 1940/50

«Hans»: Sonnenbraun · Kurbelkopf · Glieder auf Scheibengelenken · geprägte weißblonde Haare · feststehende blaue Glasaugen · geschlossener Mund
45 cm · Preisgruppe G

Hals- und Körpermarke:	Schildkröte in Raute 45

«Bärbel»: Sonnenbraun · Kurbelkopf · Glieder auf Scheibengelenken · geprägte weißblonde Haare · feststehende blaue Glasaugen · offen-geschlossener Mund
45 cm · Preisgruppe G

Hals- und Körpermarke:	Schildkröte in Raute 45

«Hans und Bärbel» um 1940/50

«Hans»: Kurbelkopf · modellierte
brünette Haare · feststehende braune
Glasaugen
45 cm · Preisgruppe G

Hals- und   Schildkröte in Raute
Körpermarke: 45

«Bärbel»: Sonnenbraun · modellierte
hellblonde Haare · feststehende braune Glasaugen
45 cm · Preisgruppe G

Hals- und   Schildkröte in Raute
Körpermarke: 45

«Inge» um 1940/50

Links: Kurbelkopf · geprägte brünette
Haare · feststehende blaue Glasaugen
45 cm · Preisgruppe E

Hals- und   Schildkröte in Raute
Körpermarke: 45

Rechts: Kurbelkopf · geprägte weißblonde Haare · feststehende blaue
Glasaugen
45 cm · Preisgruppe E

Hals- und   Schildkröte in Raute
Körpermarke: 45

Mitte: Beschreibung Seite 129 unten

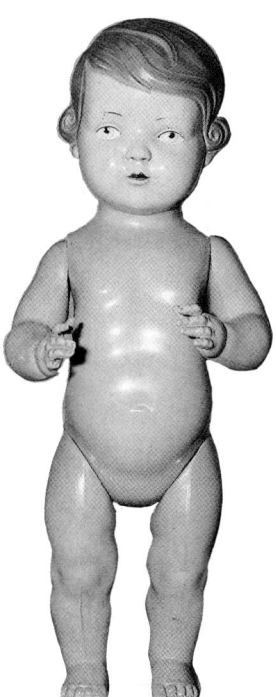

«Inge» gilt als die typische und meist-
verkaufte – auch am häufigsten kopierte – Schildkröt-Puppe. Es gab sie in den
Körperfarben sonnenbraun und
fleischfarben und in den Haarfarben
weißblond, blond, brünett und rotblond. Sie wurde in den Größen von
7½ cm bis 64 cm geliefert, und zwar ab
Gr. 28 mit Glasaugen, bis Gr. 42 mit
feststehendem Kopf und gemalten Augen, aber auch ab Gr. 41 mit Kurbelkopf und feststehenden oder Schlafaugen in blau oder braun.
Charakteristisch ist der kleine ge-
schlossene Mund. «Inge»-Puppen mit
feststehendem Kopf und feststehenden Glasaugen sind selten.

«Inge» als Puppenstubenpüppchen
um 1945/50 · Alle mit feststehendem
Kopf und gemalten Augen · Rechts:
«Inge» mit überlangen Beinen, geprägten Schuhen und Söckchen.
7,5–10,5 cm · Preisgruppe A/B

Körpermarke: Schildkröte in Raute
                  Größenangabe

«Inge» um 1940/50 · feststehender
Kopf · geprägte brünette Haare · gemalte blaue Augen · typischer Körper
einer «Inge» mit kurzen, stämmigen
Beinen und länglichem, runden Körper
34 cm · Preisgruppe E

Körpermarke: Schildkröte in Raute
                      34

«Inge» um 1935/50
Preisgruppe D/E

Körpermarke: Schildkröte in Raute
Größenangabe

Vorne links: Um 1935 · sonnenbraun ·
feststehender Kopf · blond · feststehende braune Glasaugen · 28,5 cm

Vorne rechts: Um 1950 · feststehender
Kopf · blond · gemalte blaue Augen ·
26,5 cm

Hinten links: Um 1940 · feststehender
Kopf · blond · feststehende blaue Glasaugen · 28,5 cm

Hinten Mitte: Um 1950 · Kurbelkopf ·
weißblond · feststehende blaue Glasaugen · 34 cm

Hinten rechts: Um 1940 · feststehender
Kopf · blond · geprägte blaue Augen ·
29 cm

«Christel, kleine Schwester beziehungsweise kleiner Bruder von Hans (Bärbel) und Inge»

Der Puppentyp «Christel» wurde mit Mädchen- oder Jungenbekleidung verkauft und war auch als Babyversion auf Babykörper mit Scheibengelenken und offenen Händchen sowie als Negerversion im Handel. Die Körperfarben waren sonnenbraun und fleischfarben, die Haarfarben weißblond, blond und brünett. «Christel» wurde in Größen von 11,5 cm bis 56 cm hergestellt, und zwar bis Gr. 34 mit feststehendem Kopf und gemalten Augen (Gr. 30 und 34 auch mit feststehenden Glasaugen), ab Gr. 41/42 mit Kurbelkopf und feststehenden Glasaugen oder Schlafaugen in blau oder braun. «Christel»-Puppen mit feststehendem Kopf und feststehenden Glasaugen sind selten.

Links: «Christel-Mädchen» · Kurbelkopf · geprägte weißblonde Haare · feststehende blaue Glasaugen · offengeschlossener Mund
49 cm · Preisgruppe F
Hals- und   Schildkröte in Raute
Körpermarke: 49

Rechts: «Christel-Junge» · sonnenbraun · Kurbelkopf · geprägte brünette Haare · feststehende braune Glasaugen · offen-geschlossener Mund
56 cm · Preisgruppe F
Hals- und   Schildkröte in Raute
Körpermarke: 56

RHEINISCHE

«Christel» um 1950

Links: Feststehender Kopf · brünette
Haare · gemalte blaue Augen · offen-
geschlossener Mund
29,5 cm · Preisgruppe E

Körpermarke: Schildkröte in Raute
29½

Mitte: Kurbelkopf · weißblonde Haare
· feststehende blaue Glasaugen · offen-
geschlossener Mund
32 cm · Preisgruppe E

Körpermarke: Schildkröte in Raute
30/32

Rechts: Feststehender Kopf · blonde
Haare · gemalte blaue Augen · offen-
geschlossener Mund
29,5 cm · Preisgruppe E

Körpermarke: Schildkröte in Raute
29½

Um 1940/50

«Christel» · feststehender Kopf · blonde Haare · gemalte blaue Augen
22 cm · Preisgruppe E

Körpermarke: Schildkröte in Raute
22

«Strampelchen» · feststehender Kopf ·
blonde Haare · gemalte blaue Augen
13,5 cm · Preisgruppe B

Körpermarke: Schildkröte in Raute
12½ / 13½

Seite 133: Um 1940/50 in Trachten

«Inge» · feststehender Kopf · blonde
Haare · gemalte braune Augen
26,5 cm · Preisgruppe D

Körpermarke: Schildkröte in Raute
25½ / 26½

«Hans» · feststehender Kopf · blonde
Haare · gemalte blaue Augen
26,5 cm · Preisgruppe F

Körpermarke: Schildkröte in Raute
25½ / 26½

«Christel» · feststehender Kopf · blonde Haare · gemalte blaue Augen
22 cm · Preisgruppe E

Körpermarke: Schildkröte in Raute
22

«Erika um 1940/50

Dieser Puppentyp wurde hauptsächlich erst nach dem Zweiten Weltkrieg
hergestellt und mit fleischfarbenem
Körper und den Haarfarben weißblond, kastanienbraun und rotblond
geliefert. «Erika» gab es nur mit Kurbelkopf und Glasaugen oder Schlafaugen in Größen von 41 cm bis 64 cm.
Der Mund war offen-geschlossen mit
zwei gemalten Zähnchen. Vorkriegs-
modelle in Gr. 41 und 45 sind selten.

Links: 1940 · weißblond · feststehende
blaue Glasaugen
45 cm · Preisgruppe F

Hals- und	Schildkröte in Raute
Körpermarke:	45

Mitte: Kastanienbraun · feststehende
braune Glasaugen
49 cm · Preisgruppe E

Hals- und	Schildkröte in Raute
Körpermarke:	49

Rechts: Rotblond · feststehende braune Glasaugen
41 cm · Preisgruppe E

Hals- und	Schildkröte in Raute
Körpermarke:	41

«Strampelchen»

Sehr beliebte Babypuppe, von 1935 bis 1958 aus Zelluloid, bis 1962 aus Tortulon und dann aus Cellidor. Sie wurde in den Körperfarben sonnenbraun und fleischfarben und mit blonden Haaren geliefert. Größen von 8,5 cm bis 56 cm, und zwar ab Gr. 25 mit Kugelgelenken und gemalten Augen oder feststehenden Glasaugen, ab Gr. 28 mit Kurbelkopf und ab Gr. 35 auch mit braunen oder blauen Schlafaugen. Charakteristisch sind der offene oder offen-geschlossene Mund und die geballten Fäustchen (rechter Zeigefinger ausgestreckt). Die Puppe ist auch als Negerversion, mit geraden Beinen und Händen und mit Mohairplüschperücke zu finden.

«Strampelchen» um 1950 · Kurbelkopf · feststehende blaue Glasaugen · offener Mund
35 cm · Preisgruppe E

Hals- und Körpermarke: Schildkröte in Raute 35

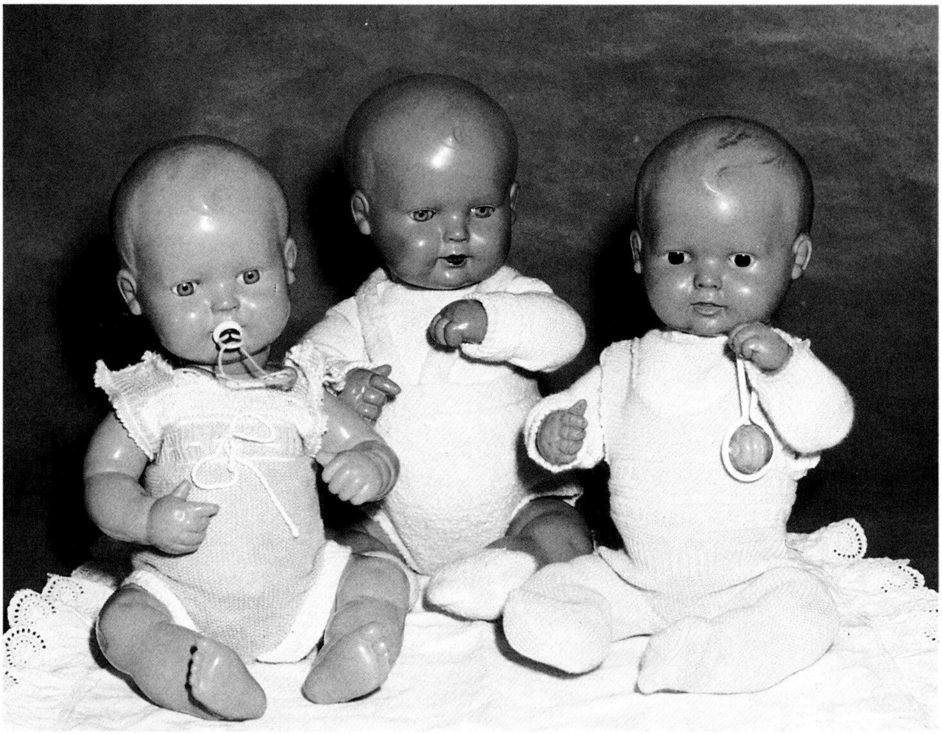

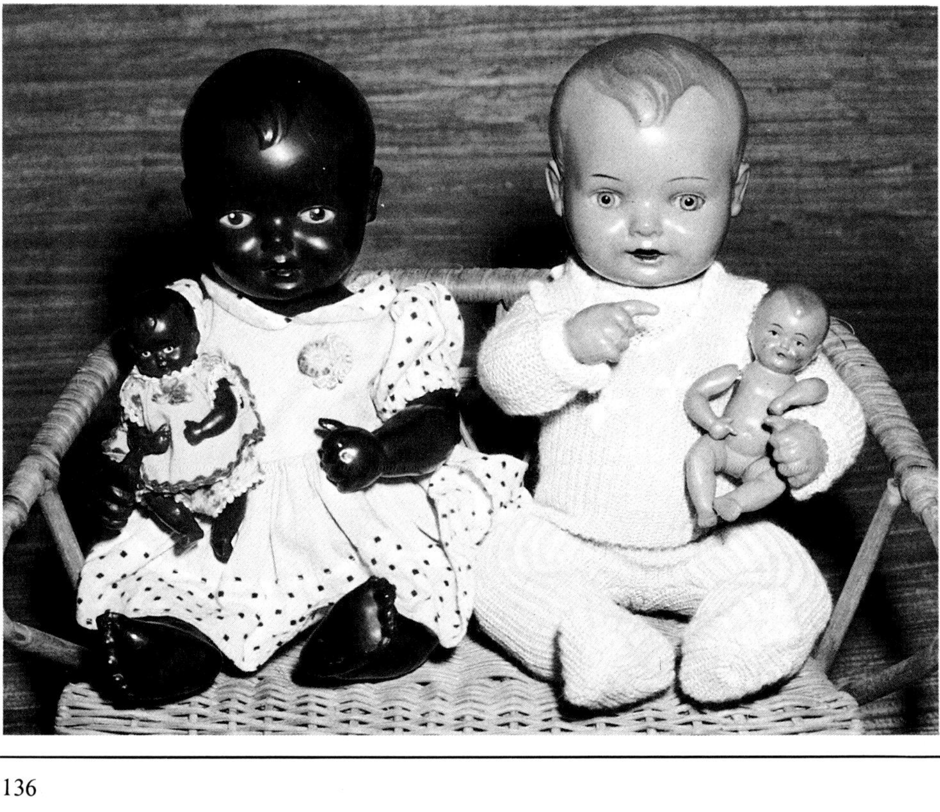

Seite 136 oben: «Strampelchen um 1935/50

Links: Siehe Beschreibung zu S. 137.

Mitte: Kurbelkopf · blaue Schlafaugen mit Wimpern · offener Mund · Mamastimme · 40 cm · Preisgruppe F

Rechts: Sonnenbraun · Kurbelkopf · feststehende braune Glasaugen · offen-geschlossener Mund · 35 cm · Preisgruppe E

Seite 136 unten: «Strampelchen» um 1950

Links: Dunkelbraunes Zelluloid · Kugelgelenke · feststehender Kopf · gemalte braune Augen · offen-geschlossener Mund · 25 cm · Preisgruppe E

Rechts: Kugelgelenke · feststehender Kopf · feststehende blaue Glasaugen · offener Mund · 25 cm · Preisgruppe E

Zwei kleine «Strampelchen» · 8,5 cm · Preisgruppe A

Seite 137: «Strampelchen» um 1950

Vorne: Kurbelkopf · blonde Mohairplüschperücke · feststehende blaue Glasaugen · offen-geschlossener Mund · 35 cm · Preisgruppe F

Hinten: Stehbaby · Kurbelkopf · feststehende blaue Glasaugen · offener Mund · 40 cm · Preisgruppe F

Alle hier beschriebenen Puppen sind mit der Schildkröte in Raute und der Größenangabe gemarkt.

RHEINISCHE

Einige wichtige Puppenmodelle aus den zelluloidähnlichen Materialien Tortulon und Cellidor

Seite 138, Bild oben:

Hinten: «Gustel» um 1955/60 · Tortulon · Kugelgelenke · feststehender Kopf · modellierte Haare · feststehende blaue Glasaugen · auffallend schlanker Körper · lange Beine · kurzer Rumpf
28,5 cm · Preisgruppe D

Körpermarke: Schildkröte in Raute
28½

Vorne: «Ursula» · ab 1955 in Tortulon mit Glasaugen, später in Cellidor mit Schalenaugen (Kunststoff) · feststehender Kopf mit kastanienbraunen Haaren · auffallend schlanker Körper · lange Beine · kurzer Rumpf
29 cm · Preisgruppe D

Körpermarke: Schildkröte in Raute
29

Seite 138, Bild unten:

«Strampelchen» um 1960 · Tortulon · Kugelgelenke · Kurbelkopf · blaue Kunststoffaugen mit beweglichen Lidern · offener Mund · Mamastimme
35 cm · Preisgruppe D

Hals- und   Schildkröte in Raute
Körpermarke: 35

Seite 139: «Sternchen und Schnuppe», um 1955, Maskottchen von der Kinderseite der Illustrierten «Stern»

Junge: Lange Arme und Beine mit Kugelgelenken · Kurbelkopf mit geprägten braunen Haaren · gemalte braune Augen · geschlossener Mund · langer Hals · sehr schlanker Körper
30 cm · Preisgruppe Lp

Halsmarke: Schildkröte in Raute

Körpermarke: Schildkröte in Raute
Tortulon
30

Mädchen: Arme und Beine mit Kugelgelenken · Kurbelkopf mit sehr langem Hals · geprägte hellblonde Haare · große, gemalte blaue Augen · geschlossener Mund · sehr schlanker Körper
31 cm · Preisgruppe Lp

Halsmarke: Schildkröte in Raute

Körpermarke: Schildkröte in Raute
Tortulon
31

Bruno Schmidt

Puppenfabrik, Waltershausen/Thüringen
Zelluloidpuppen 1900–1950

Bruno Schmidt gründete seine Fabrik um 1900. Warenzeichen war ein Herz mit den Buchstaben B.S.W. Anfangs wurden Kugelgelenkpuppen mit Biskuit- und Holzköpfen hergestellt.

1913 eröffnete er eine eigene Zelluloidfabrik zur Herstellung von Schulter- und Kurbelköpfen. Etwas später bot er dann auch Charaktersitz- und -stehbabys ganz aus Zelluloid an. So entstanden 1914 die Zelluloidbabypuppe Nr. 120, der Zelluloidpuppenkopf Nr. 130 und die Zelluloidpuppenserie Nr. 12.

Zwischen 1917 und 1919 mußte die Firma wegen Rohstoffmangels schließen. Die Wiederaufnahme der Produktion war auch der Beginn der Zelluloidpuppenserien «B» (Stehpuppe mit modellierter Frisur), «F» (Stehpuppe mit Perücke), «G» (Stehpuppe mit geprägten Haaren), «H» (Stehpuppe mit modellierter Frisur) und «S» (Sitzbaby mit Perücke). Die bedeutendste und schönste Zelluloidpuppenserie von Bruno Schmidt ist wohl das «Herzbaby»; es ist die Zelluloidversion der Biskuitpuppe Nr. 2048, Marke B.S. Dieses Ganzzelluloid-Charakterbaby mit Kurbelkopf und beweglichen Gliedern wurde in vier verschiedenen Größen (36–50 cm) mit gemalten Augen und mit Schlafaugen angeboten (kleinere Größen mit feststehendem Kopf). Als Form für das Biskuit- wie für das Zelluloidmodell diente ein Bronzeabguß. Die klassisch schöne Originalbüste, die vermutlich aus der Zeit der Renaissance stammt, haben wohl auch andere Firmen als Vorlage zur Herstellung eines Puppentyps der eigenen Marke verwendet, denn die Ähnlichkeit der im folgenden aufgezählten Puppentypen verschiedener Herkunft mit dem Charakterbaby von Bruno Schmidt ist verblüffend: Stoffpuppe Typ «Nr. I» von Käthe Kruse, Zelluloidpuppe «Trinkbebie» von der Hermsdorfer Celluloidwarenfabrik, Zelluloidkurbelkopf auf Stoffkörper von Buschow & Beck, Zelluloidkurbelkopf auf Stoff- oder Zelluloidkörper von der «Rheinischen».

Bruno Schmidt erhielt Patente für verschiedene Puppenaugen, für Bewegungsvorrichtungen an Augen in Puppenköpfen, für einige Zelluloidpuppenköpfe und für das Einsetzen beweglicher Augen in Köpfe aus transparentem Zelluloid.

1925 entstanden kleinere Sitz- und Stehbabys (Typ «Herzbaby») aus hellem und schwarzem Zelluloid mit aufgemalten Anzügen, deren Farbe im Wasser nicht abging. Die Negerpuppe gab es nur als Sitzbaby, die weiße Puppe auch als Stehbaby. Vor allem in Amerika war diese Neuheit sehr beliebt, aber auch in Deutschland zeigten die Käufer großes Interesse an diesen Zelluloidpüppchen mit aufgemalter Kleidung.

Die Firma Bruno Schmidt hat bis etwa 1950 produziert.

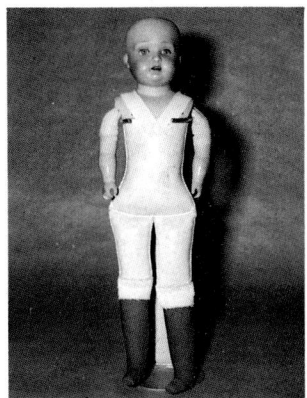

Um 1914 · Lederkörper mit abgenähten Gelenken · Unterschenkel aus blau-
em Stoff · Unterarme aus Holz (ohne
Ellbogengelenke) · Zelluloidschulterkopf · blonde Echthaarperücke · blaue
Schlafaugen mit Wimpern · offener
Mund mit Zähnchen
40 cm · Preisgruppe H

Halsmarke: Schutzmarke
               Herz
               12
               Germany

«Herzbaby» um 1920 · Kurbelkopf ·
modellierte braune Haare · geprägte
blaue Augen · zweifarbig gemalter
Mund mit gemalten Zähnchen · Körper nicht original
20 cm · Preisgruppe D

Halsmarke: Schutzmarke
               Herz
               Germany
               2

BRUNO SCHMIDT

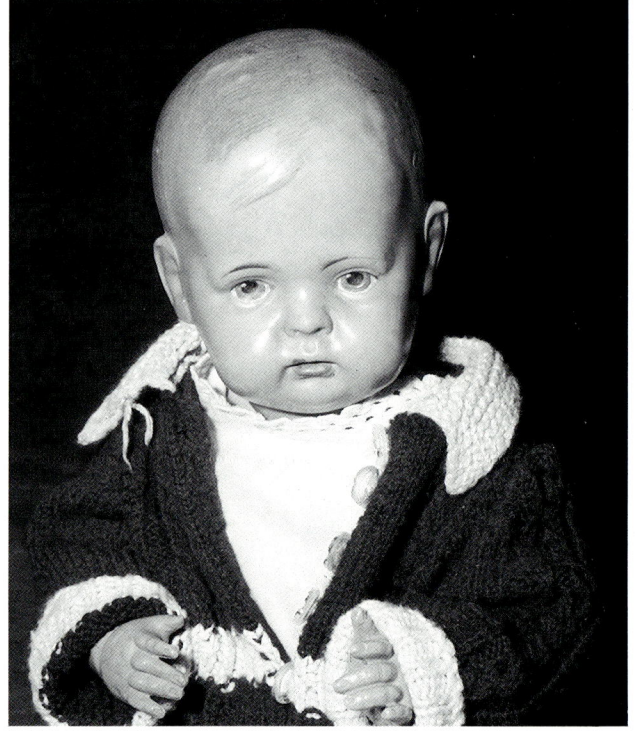

«Herzbaby» von 1925 · Babykörper
aus Zelluloid mit aufgemalter Kleidung · Arme und Beine mit Scheibengelenken · feststehender Kopf · leicht
modellierte Haare · geprägte blaue
Augen · geschlossener Mund
18 cm · Preisgruppe Lp

Körpermarke:
                    Schutzmarke
                    Herz
                    16/18
                    Germany

Nebenstehendes Bild und Seite 143:

«Herzbaby» um 1920 · Babykörper aus
Zelluloid · Arme und Beine mit Scheibengelenken · Kurbelkopf · modellierte Haare · geprägte blaue Augen · geschlossener Mund · Zelluloidversion
der Biskuitpuppe Nr. 2048
36 cm · Preisgruppe F

Hals- und Körpermarke:
                    Schutzmarke
                    Herz
                    36

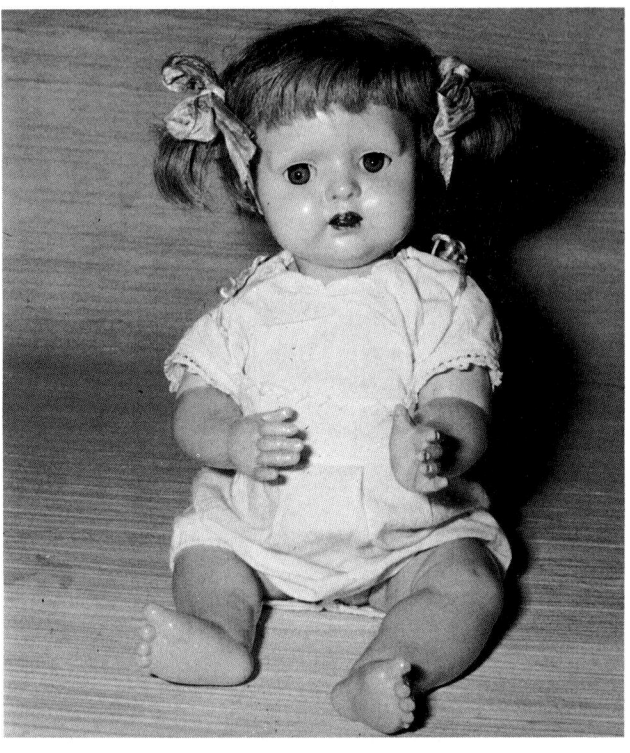

Um 1930 · Babykörper aus Zelluloid ·
Arme und Beine mit Scheibengelenken
· Kurbelglattkopf · blonde Echthaar-
perücke · blaue Schlafaugen · offener
Mund mit Zähnchen
45 cm · Preisgruppe F

	Schutzmarke
Halsmarke:	Herz
	S/42
	Schutzmarke
	Herz
Körpermarke:	42/45
	Germany

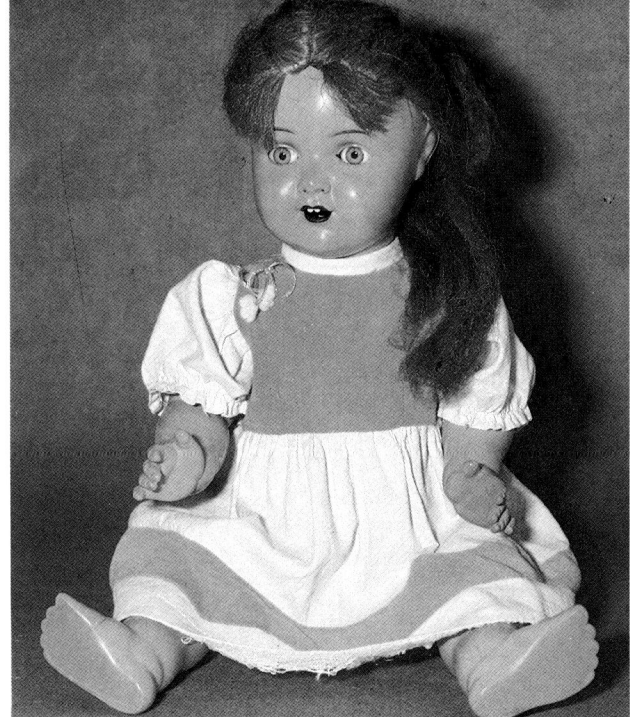

Um 1940 · Arme und Beine mit Scheibengelenken · Kurbelkopf mit blonder
Mohairperücke · blaue Schlafaugen ·
offener Mund mit Zähnchen
45 cm · Preisgruppe E

	Schutzmarke
Halsmarke:	Herz
	F/45
	Schutzmarke
	Herz
Körpermarke:	45
	Germany

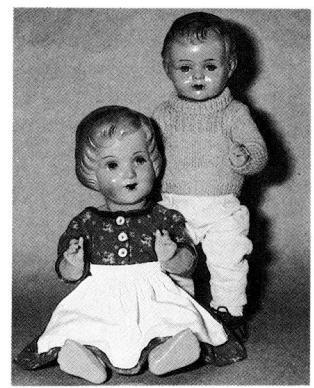

Kleines Bild, vorne: Um 1945/50 · Arme und Beine mit Scheibengelenken · Kurbelkopf mit modellierten Haaren · feststehende blaue Glasaugen mit Wimpern · geschlossener Mund
38 cm · Preisgruppe D

Hals- und Körpermarke: Schutzmarke
                            Herz
                            38

Großes Bild oben: Um 1920/30 · Arme und Beine mit Scheibengelenken · Kurbelkopf mit sehr fein modellierten Haaren · feststehende blaue Glasaugen · geschlossener Mund
50 cm · Preisgruppe F

Halsmarke: Schutzmarke
                            Herz
                            H/150

Körpermarke: Schutzmarke
                            Herz
                            50

Großes Bild unten: Um 1935 · Arme und Beine mit Scheibengelenken · Kurbelkopf mit modellierten Haaren · blaue Schlafaugen mit Wimpern · geschlossener Mund
40 cm · Preisgruppe E

Halsmarke: Schutzmarke
                            Herz
                            B/40

Körpermarke: Schutzmarke
                            Herz
                            40
                          Germany

Schwäbische Celluloidwarenfabrik
Mengen/Württemberg – Schutzmarke «Storch»
Zelluloidpuppen 1913–1960

Bis 1945 verwendetes Zeichen

Markenzeichen nach 1945

Die Celluloidwarenfabrik wurde im Jahre 1913 von August Haidorfer gegründet. Der kleine, bescheidene Betrieb produzierte vor allem Toilettenartikel aus Zelluloid und später dann auch ein kleines Sortiment von Puppen und Spielwaren. Es waren Ganzzelluloidpuppen – ein Mädchen- und ein Jungentyp – mit modellierten Haaren, Kurbelkopf und beweglichen Gliedern, mit gemalten Augen oder mit Glasaugen. Sie wurden in verschiedenen Größen hergestellt.

Das Markenzeichen der Schwäbischen Celluloidwarenfabrik war vor dem Zweiten Weltkrieg der Buchstabe S im Ring.

Nach dem Zweiten Weltkrieg wurden andere Puppentypen hergestellt, darunter auch eine Babypuppe aus Zelluloid. Ein neues Markenzeichen, ein Storch, wurde nun verwendet. Puppen und Spielwaren der Marke «Storch» aus dem Donaustädtchen Mengen kamen sogar bis nach Amerika.

Die Schwäbische Celluloidwarenfabrik arbeitete bis nach 1955. In den letzten Produktionsjahren wurden aber nur noch Puppen aus den zelluloidähnlichen Kunststoffen Cellidor und Tortulon hergestellt.

Anzeige der Schwäbischen Celluloidwarenfabrik in einem Spielzeugkatalog von 1956 zur 7. Deutschen Spielwarenfachmesse in Nürnberg

Um 1925 · Arme und Beine mit Scheibengelenken · Miblu-Kurbelkopf · modellierte blonde Haare · feststehende
blaue Glasaugen · geschlossener Mund
42 cm · Preisgruppe E

Hals- und Körpermarke: S im Ring
42

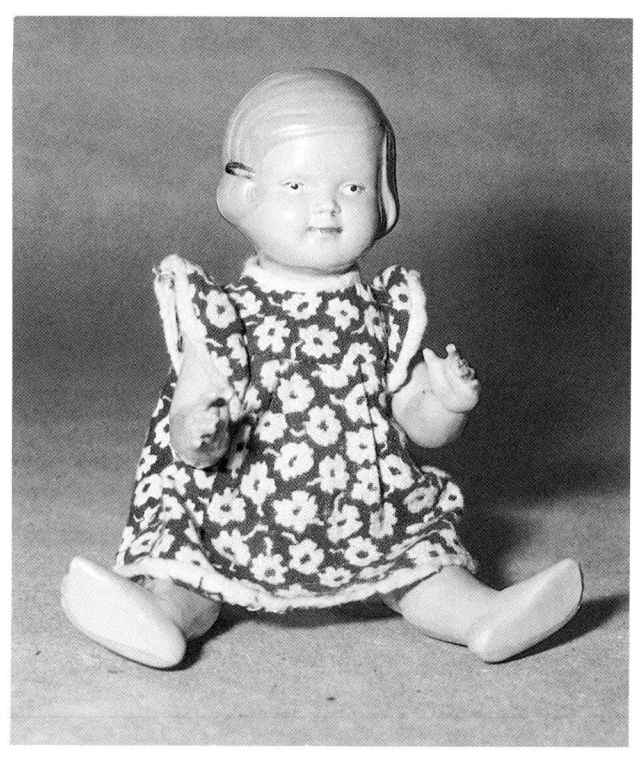

Um 1930/40 · Arme und Beine mit
Scheibengelenken · feststehender
Kopf · modellierte Haare mit Haar-
spange · gemalte blaue Augen · geschlossener Mund
18 cm · Preisgruppe C

Körpermarke: S im Ring
18

147

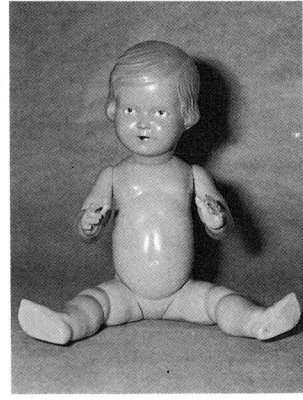

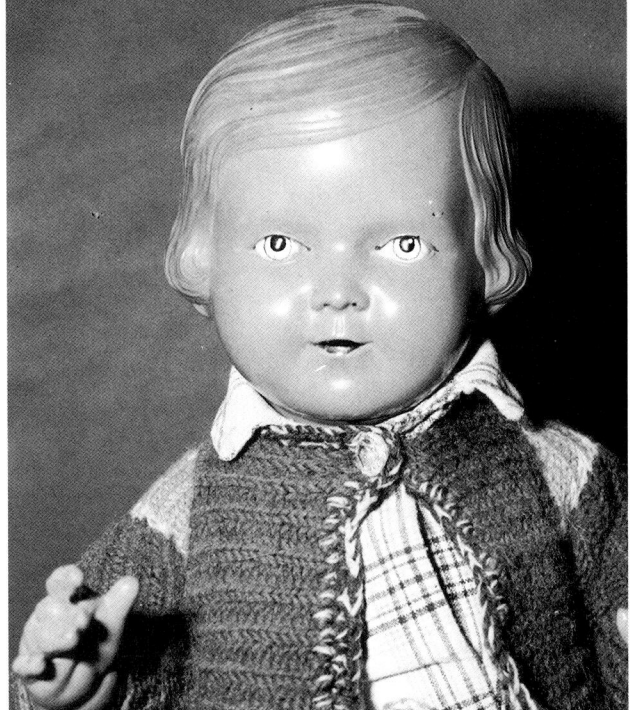

Um 1935/40 · Arme und Beine mit Scheibengelenken · Kurbelkopf · modellierte Haare · geprägte blaue Augen · geschlossener Mund
42 cm · Preisgruppe E

Hals- und Körpermarke: S im Ring
                      42

Negerpuppen um 1950/55

Vorne: Braunes Zelluloid · Arme und Beine mit Scheibengelenken · feststehender Kopf · leicht modellierte schwarze Haare · gemalte braune Augen · geschlossener Mund
13,5 cm · Preisgruppe D

Körpermarke: Storch
               13½

Hinten: Arme und Beine mit Kugelgelenken · feststehender Kopf · leicht modellierte schwarze Haare · gemalte braune Augen · geschlossener Mund
25 cm · Preisgruppe E

Körpermarke: Storch
               25

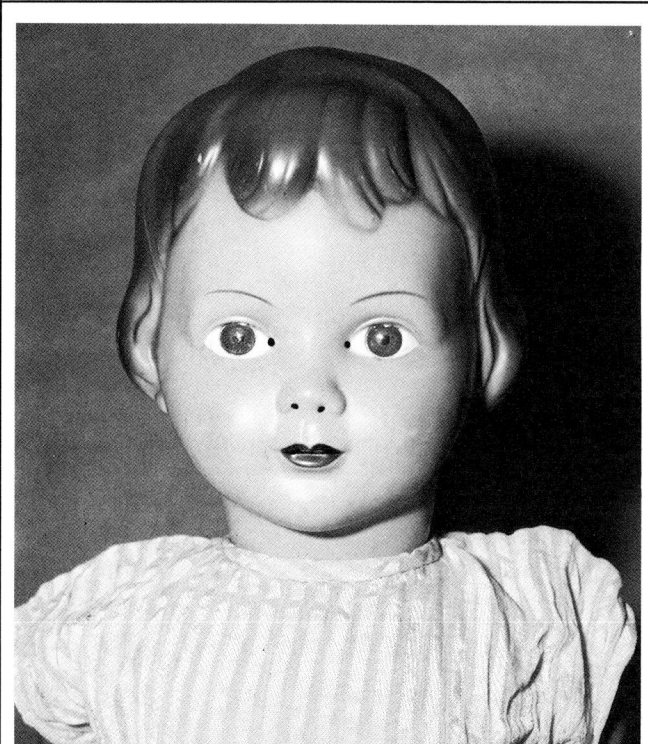

Um 1950/55 · Arme und Beine mit Scheibengelenken · Kurbelkopf mit geprägten braunen Haaren · feststehende braune Kunststoffaugen · geschlossener Mund
53 cm · Preisgruppe E

Hals- und Körpermarke: Storch
53

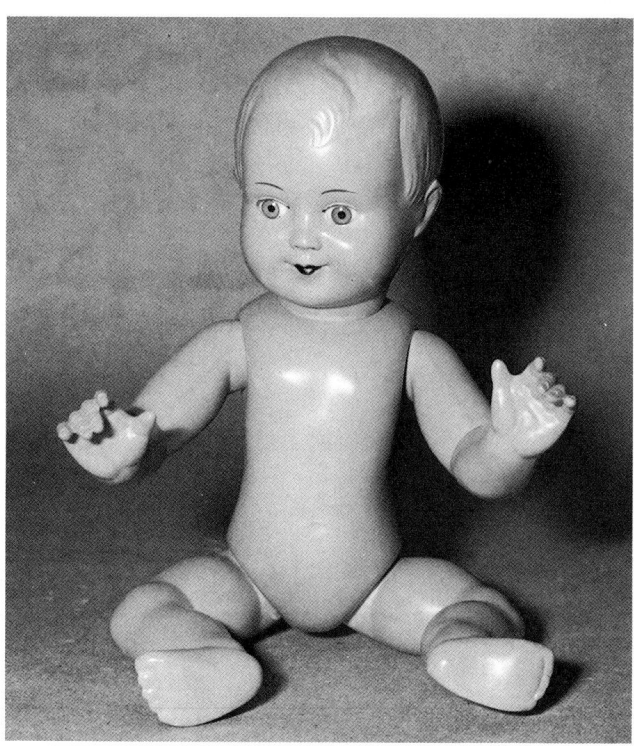

Um 1950/55 · Arme und Beine mit Kugelgelenken · Kurbelkopf mit geprägten Haaren · feststehende blaue Glasaugen · geschlossener Mund
32 cm · Preisgruppe E

Hals- und Körpermarke: Storch
28/32

Karl Standfuss

Metall- und Celluloidpuppenfabrik, Deuben bei Dresden
Zelluloidpuppen ca. 1915–1920

Die Puppenfabrik produzierte ab 1898 Metallkopfpuppen mit der Marke «JUNO». Ab 1903 wurden die Blechköpfe mit Zelluloid überzogen (siehe Buschow & Beck).

1909 ließ sich die Firma Karl Standfuss eine Ganzzelluloid-Badepuppe mit geprägter Frisur, feststehendem Kopf, feststehenden Beinen und beweglichen Armen patentieren. In den folgenden Jahren wurden dann sehr viele Tiere, Stehaufmännchen, Soldatenpuppen, humoristische Figuren und Kewpies aus Zelluloid produziert und hauptsächlich nach Amerika exportiert. 1912 entstand eine Ganzzelluloidpuppe mit beweglichem Kopf und beweglichen Gliedern, Marke «Juno».

Die Firma Karl Standfuss hat nach 1930 die Produktion eingestellt.

Seite 150: Um 1915 · ganz aus Zelluloid · Arme und Beine auf Scheibengelenken · beweglicher Kopf · Mohairperücke · gemalte blaue Augen · offen-geschlossener Mund · geprägte Schuhe und Söckchen
20 cm · Preisgruppe F

Kopf- und   Germany
Körpermarke: Juno (im Oval)

Seite 151: Um 1915 · ganz aus Zelluloid · Arme und Beine auf Scheibengelenken · beweglicher Kopf · blonde Mohairperücke · gemalte blaue Augen · offen-geschlossener Mund · geprägte Schuhe und Söckchen
20 cm · Preisgruppe F

Kopf- und   Germany
Körpermarke: Juno (im Oval)

Seite 152: Puppenstubenpuppe um 1920 · Diese Zelluloidpuppe stellt kein Kind, sondern eine erwachsene Frau dar. · Ganz aus Zelluloid · Arme und Beine auf Scheibengelenken · modellierter Busen · feststehender Kopf mit geprägten rötlichen Haaren · gemalte blaue Augen · markante Nase · geschlossener Mund · gemalte Strümpfe (bis zu den Oberschenkeln) · geprägte Schuhe mit Absätzen
15 cm · Preisgruppe D

Halsmarke: Juno (im Oval)
              Germany

Informationen und Ratschläge
für den Sammler

Das Sammeln von Zelluloidpuppen ist in den letzten Jahren immer beliebter geworden, der Kreis der Sammler hat sich enorm erweitert. Die wenigsten Neusammler von Zelluloidpuppen haben anfangs klare Vorstellungen, wie sie ihre Sammlung aufbauen und strukturieren wollen; denn ob er sich auf bestimmte Hersteller oder Puppentypen spezialisiert oder gar breit gestreut «alte Zelluloidpuppen» sammelt, das wird jeder nach seinen Bedürfnissen und Neigungen entscheiden. Immer aber ist diese Entscheidung davon abhängig, wieviel Geld man für seine Sammelleidenschaft monatlich erübrigen kann.

Im Gegensatz zu denen für Porzellanpuppen – unanhängig von der Marke – liegen die Preise für Zelluloidpuppen zur Zeit noch relativ niedrig, obwohl bedingt durch die größere Nachfrage das Angebot zwangsläufig nicht mehr so umfangreich ist und entsprechend auch die Preise in den letzten Jahren steil in die Höhe geklettert sind. Generell kann man jedoch sagen, das selbst gute, seltene Stücke gegenüber Porzellanpuppen unterbewertet sind. Diese Tatsache macht das Sammeln von Zelluloidpuppen attraktiv, und selbst derjenige, der damit anfangen will, findet hier, legt man die Preisentwicklung der letzten Jahre für alte Puppen zugrunde, zur Zeit noch verhältnismäßig günstige Startbedingungen.

Wer nun beginnen will, eine Zelluloidpuppensammlung aufzubauen, dem sei vorab geraten, Kontakte mit erfahrenen Sammlern aufzunehmen, um sich von ihnen beraten zu lassen; denn je genauer man sich als Sammler über sein Sammelgebiet informiert, desto unwahrscheinlicher wird es, daß man beim Kauf einer Puppe «übers Ohr gehauen» wird. Als Anfänger im Bereich «Puppen» kann es einem leider passieren, daß man eine Puppe weit überbezahlt, weil man den eigentlichen Wert nicht kennt, oder daß man eine Puppe kauft, bei der man dann zu Hause, wenn man sie auszieht, leider feststellen muß, daß sie größere Mängel an Körper und Gliedern aufweist. Wem das gleich zu Beginn passiert, dem kann die Lust am Sammeln gründlich vergehen, und das wäre schade!

Sicher ist ein solcher Fehlkauf ärgerlich, doch man lernt daraus und entwickelt bald eine gewisse Fertigkeit im Einschätzen und Untersuchen von Puppen, das heißt, man wird künftig eine Puppe immer erst ausziehen, um sie genau anzuschauen und zu prüfen, bevor man sie kauft. Grundsätzlich empfiehlt es sich, jede Gelegenheit, Puppen genau mit Hand und Auge zu prüfen, wahrzunehmen; denn je mehr Puppen man in die Hand bekommen, gesehen und geprüft hat, desto mehr Erfahrungen wird man sammeln, und dann kann einem niemand mehr etwas vormachen und einen mit falschen Angaben über eine Puppe zum Kauf verleiten.

Vor allem sollte man beim Kauf einer Zelluloidpuppe immer auf den Originalzustand, die Vollständigkeit und Unversehrtheit der Glieder, den unverletzten Kopf und auf die Übereinstimmung von Hals- und Körpermarke achten. Es werden mitunter in gewissenloser Weise zusammengesetzte Zelluloidpuppen überteuert angeboten: Köpfe und Körper, die nicht zueinander passen, Glieder und Körper, die nicht zusammengehören. So entstehen zurechtgebastelte Zelluloidpuppen, zum Beispiel mit einem alten Originalkopf, einem neueren Körper und falschen Ersatzgliedern. Eine solche Puppe ist nur ihren Kopf wert und sonst nichts, deshalb sollte man unbedingt darauf achten, keine willkürlich zusammengesetzten Zelluloidpuppen zu erwerben.

Leider ersetzen einige Sammler die alten Glieder selbst durch Einzelteile von anderen Puppen, weil sie der Meinung sind, man müsse eine alte, zerspielte Zelluloidpuppe wieder schön «reparieren» und auch neu einkleiden, damit man ihr die Jahre des Spielens und Lagerns nicht mehr ansehe. Hier ist der Sinn und Zweck des Puppensammelns wohl verfehlt, denn der liegt doch darin, alte historische Gegenstände aufzubewahren und möglichst in ihrem Originalzustand zu erhalten. Deshalb sollte man die Puppen, auch wenn sie etwas beschädigt (z. B. Sprung im Zelluloid) und abgestoßen sind, möglichst nicht mit anderen Einzelteilen verfremden, denn auch der Wert der Puppe wird dadurch sehr gemindert.

Dies gilt für Glieder, Körper, Perücken und Kleidung. Bewahren Sie Ihre Zelluloidpuppen und deren Kleidung im Originalzustand auf! Erhalten Sie Ihre Puppe, auch wenn sie beschädigt ist, denn sie ist in diesem Zustand auf jeden Fall mehr wert als eine Puppe, die mit verschiedenen Ersatzteilen verfremdet wurde!

Wenn man nun eine mehr oder weniger lädierte Zelluloidpuppe erworben hat, deren Glieder am Körper herunterhängen, deren Augen herausgefallen sind oder die kleinere Beschädigungen am Zelluloid hat, und man nun diese Puppe, ohne etwas auszuwechseln, wieder in Ordnung bringen möchte, kann man sich zwischen zwei Möglichkeiten entscheiden:

1. Man bringt die Puppe in eine Puppenklinik. Aber Vorsicht! Manche Puppenkliniken restaurieren die Puppen nicht, sondern versetzen sie nur wieder in eine Art Neuzustand, das heißt, alle beschädigten Teile werden ausgewechselt (z. B. alte Echthaar- gegen neue Kunsthaarperücken), so daß sie nachher ein neue, für einen Sammler völlig wertlose Puppe zurückbekommen. Leider haben einige Sammler

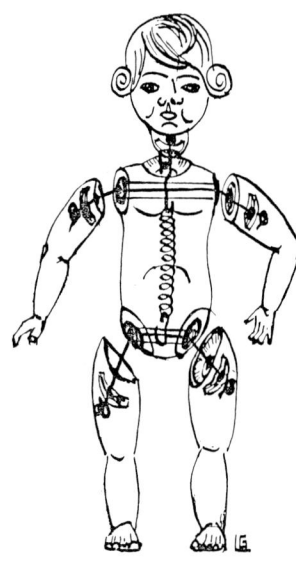

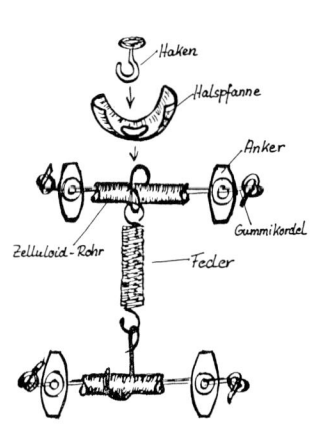

Puppe mit Scheibengelenken

diesbezüglich schon sehr negative Erfahrungen gemacht, und um sich viel Ärger zu ersparen sollte man folgendes beachten:

Bestehen Sie darauf, daß ein Kostenvoranschlag gemacht wird und daß nur die Arbeiten ausgeführt werden, die Sie in Auftrag gegeben haben. Falls Glieder ausgewechselt werden müssen, achten Sie unbedingt darauf, daß nur alte Originalersatzteile verwendet werden. Verzichten Sie sonst lieber auf die Reparatur, denn einige Puppenkliniken setzen Arme und Beine aus dem Zelluloid nur ähnlichen Material ein. Diese Glieder haben keine Scheiben-, sondern Universalgelenke, und es ist daher erforderlich, die Gelenkscheiben vom Körper gänzlich herauszuschneiden oder herauszufräsen, wodurch der Körper wertlos wird.

Am besten ist es, wenn man seine Zelluloidpuppe einem erfahrenen Puppenrestaurator anvertraut – nur ist dieser nicht so leicht zu finden, deshalb empfiehlt es sich, andere Sammler nach einschlägigen Adressen zu fragen und auch Erfahrungen auszutauschen.

2. Man kann den Schaden selbst beheben und, wenn man handwerklich etwas begabt ist, die Reparatur mit eigenen Mitteln vornehmen. Hierzu im folgenden Kapitel einige Tips für den Sammler, der seine beschädigte Zelluloidpuppe selbst restaurieren möchte.

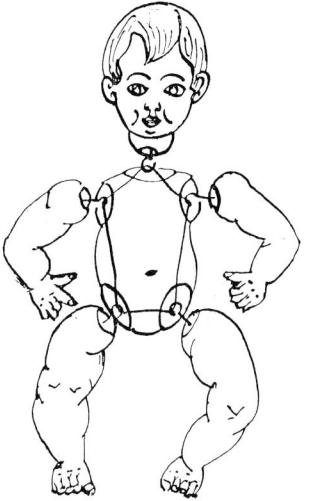

Zelluloidpuppen, selbst restauriert

Grundlage für das Zusammensetzen der Glieder – und alle anderen Reparaturen – sind das Material, das Werkzeug und die Hilfsmittel. Auf Seite 157 finden Sie eine Aufstellung von Werkzeug und Material, wie sie in einem alten Katalog der Firma Wernicke abgebildet ist. Man benötigt vor allem Gummikordeln, die in Stärken von 1½–5 mm abgepackt in Textilgeschäften erhältlich sind.

Die Gliedmaßen und der Kopf werden durch Gummikordel und Feder elastisch und daher drehbar zusammengehalten, und zwar werden die Arme durch einen Gummi festgehalten, der durch ein Zelluloidrohr läuft, das ein Achselloch mit dem anderen verbindet. Bei den Beinen ist es genauso: Ein Gummi läuft durch ein Zelluloidrohr und verbindet so beide Beine miteinander. Der Kopf wird entweder mit einer Feder oder mit einer Gummischlinge in den Haken der Halspfanne eingehängt und dann an dem Rohr, das die Beine verbindet, festgehakt.

Bei Babypuppen sind die Beine, die Arme und der Kopf durch eine Gummischlinge, die durch die beiden Beinlöcher und den Rumpf hindurchläuft, verbunden. Die Schlinge bildet

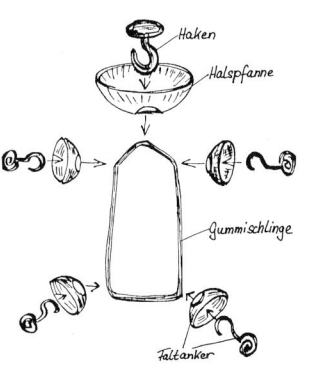

Babypuppe mit Universalgelenken

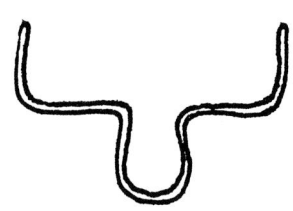

Bügel zum Einhängen des Kopfes

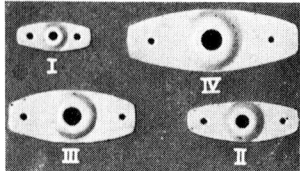

Anker

Faltanker

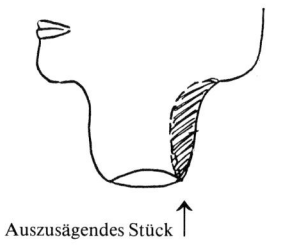

Auszusägendes Stück ↑

ein Fünfeck, dessen Grundlinie die Beine verbindet und dessen Spitze den Kopf festhält. Die Arme werden rechts und links in die Schlinge eingehängt. Bei sehr alten Babypuppen werden sie extra festgehalten, und zwar durch eine Feder oder durch eine Gummischlinge, die beide Arme miteinander verbindet.

Zum Befestigen der Gummikordel in den Gliedern braucht man Anker, die in vier verschiedenen Größen vorkommen, oder Faltanker (Babypuppen). Sollten sie fehlen, so lassen sie sich leicht aus einem Stück PVC (1–1½ mm Dicke) mit einer stärkeren Schere zurechtschneiden. Auch den Haken für den Faltanker und für die Halspfanne kann man selbst herstellen, wenn man einen langen Dachpappennagel (mit breitem Kopf) mit der Rundzange (5) umbiegt. Auch die Halspfanne samt Haken kann selbst ersetzt werden: Man biegt sich eine Art Einhängung aus einem stärkeren Draht zurecht. Diese Art der Kopfaufhängung wurde auch bei Puppen Anfang des Jahrhunderts verwendet.

Als Werkzeug zum Zusammensetzen der Glieder benötigt man eine Schere, eine stärkere Nadel (17) zum Durchziehen der Gummikordeln, einen gabelförmigen Haken (24), einen Ankergreifhaken (6), eine Flachzange (10). Der gabelförmige Haken läßt sich aus einer Fonduegabel herstellen, indem man die Gabelspitzen um die Hälfte verkürzt.

Zum Einhängen der Arme und Beine die Gummikordel durch die Zelluloidröhre ziehen, an beiden Enden mit dem jeweiligen Anker verknoten, dann den Anker der Länge nach in die einzelnen Glieder schieben.

Zum Einhängen des Kopfes Feder (16) oder Gummischlinge (Enden der Gummikordel zusammenlegen, straff mit dünnem Draht oder sehr festem Zwirn umwickeln) in den Kopfhaken einhängen, den Haken mit der Feder (Gummischlinge) in die Kopfgabel (24) einhängen – dabei sollte eine zweite Person behilflich sein und den Körper halten. Feder (Gummischlinge) spannen und ins untere Rohr mit der Kopfgabel einhängen.

Da beim Einsetzen der Augen und allen folgenden Reparaturtips der Klebstoff eine große Rolle spielt, hierzu ein wichtiger Hinweis: Als Klebstoff eignet sich nur ein Kontaktkleber (z. B. von Pattex). Weil dieser auf beide Klebeteile dünn aufgetragen wird und dann erst einmal antrocknen muß, kann die darin enthaltene Verdünnung verdunsten, die sonst das Zelluloid angreifen würde. Achten Sie darauf, daß der Klebstoff nicht zu dick aufgetragen wird und kurz antrocknet, bevor Sie die Teile zusammenfügen, es besteht sonst Ätzgefahr! Andere Klebstoffe eignen sich nicht, sie hinterlassen schnell ihre chemischen Spuren und fressen das Zelluloid an.

Herausgefallene Einzelaugen mit Kontaktkleber wieder befestigen. Beim Kurbelkopf benötigt man dazu ein Augenein-

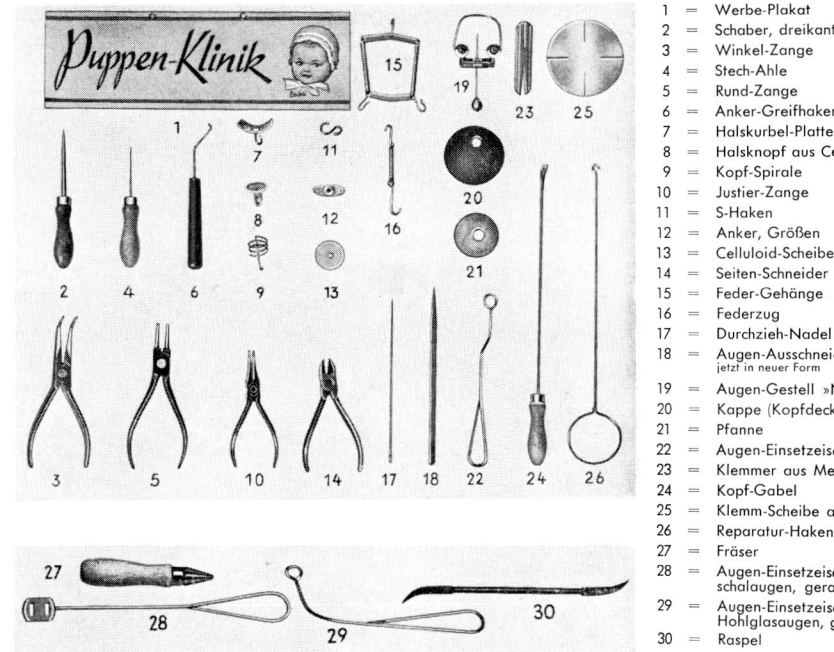

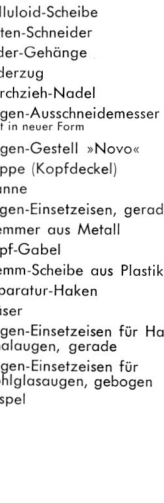

1	=	Werbe-Plakat
2	=	Schaber, dreikantig
3	=	Winkel-Zange
4	=	Stech-Ahle
5	=	Rund-Zange
6	=	Anker-Greifhaken
7	=	Halskurbel-Platte aus Plastik
8	=	Halsknopf aus Cellit
9	=	Kopf-Spirale
10	=	Justier-Zange
11	=	S-Haken
12	=	Anker, Größen
13	=	Celluloid-Scheibe
14	=	Seiten-Schneider
15	=	Feder-Gehänge
16	=	Federzug
17	=	Durchzieh-Nadel
18	=	Augen-Ausschneidemesser jetzt in neuer Form
19	=	Augen-Gestell »Novo«
20	=	Kappe (Kopfdeckel)
21	=	Pfanne
22	=	Augen-Einsetzeisen, gerade
23	=	Klemmer aus Metall
24	=	Kopf-Gabel
25	=	Klemm-Scheibe aus Plastik
26	=	Reparatur-Haken
27	=	Fräser
28	=	Augen-Einsetzeisen für Halb- schalaugen, gerade
29	=	Augen-Einsetzeisen für Hohlglasaugen, gebogen
30	=	Raspel

setzeisen (28, 29), das man auch in vereinfachter Form aus Draht selbst herstellen kann. Das Einsetzen von Schlafaugen ist etwas schwieriger und bei Kurbelköpfen nur möglich, wenn hinten am Hals ein ovales Stück mit der Laubsäge ausgesägt wird. Bei Köpfen, deren Schlafaugen schon einmal repariert oder ausgewechselt wurden, läßt sich dieses Teil vorsichtig mit dem Messer wieder heraustrennen. Falls die alten Gipsplatten, an denen das Augengestell (19) befestigt war, noch vorhanden sind, diese mit Kontaktkleber wieder ankleben, wenn nicht, das Augengestell rechts und links mit Gips neu eingießen.

Wenn die alten Zähne noch im Kopf sind, diese mit Kontaktkleber wieder befestigen. Ansonsten kann man sich aus weißem Kunststoff (z.B. Joghurtbecher) Zähnchen zurechtschneiden und diese dann einkleben. Aus rotem Papier kann man eine Zunge ausschneiden und diese hinter die Zähnchen kleben. Alte Zähnchen und Zelluloidzungen sind noch bei der Firma Wanke, Limburg, zu beziehen.

Beim Festmachen von Perücken vor allem wieder auf den richtigen Klebstoff achten, um Puppe und Perücke nicht zu beschädigen. Auf den sogenannten Glattkopf einen passenden Kopfdeckel aus Pappe (20) kleben, antrocknen lassen, dann Kopfdeckel mit Kontaktkleber bestreichen und Perücke vorsichtig daraufsetzen.

Bevor man sich an die nächsten Reparaturen heranwagt, sollte man erst einmal an einem alten Stück Zelluloid die Reaktionen des zu verwendenden chemischen Mittels erproben und da-

Form einer Zunge

mit experimentieren, denn nur wer Übung hat, kann dann auch wirklich eine Arbeit dieser Art ausführen – ansonsten kann es sehr leicht passieren, daß man mehr beschädigt als repariert.

Zum Kleben eines Sprunges flüssiges Azeton mit einem feinen Pinsel in den Sprung hineinstreichen, Sprung zusammendrücken und mit einem Streifen Tesa zusammenhalten, bis die Klebstelle getrocknet ist. Aber Vorsicht! Achten Sie darauf, daß das Azeton auf keinen Fall über die Klebstelle kommt, sondern nur in diese hineinläuft. Wenn Azeton über andere Teile rinnt, hinterläßt es Ätzspuren; schon Azetonreste am Finger können unschöne Fingerabdrücke auf der Puppe hinterlassen.

Zum Auskitten von Löchern im Zelluloid benötigt man formbare Zelluloidmasse. Diese kann man herstellen, indem man alte Zelluloidteile in Azeton auflöst, bis eine breiartige Masse entsteht. Damit werden nun die Löcher ausgekittet – aber nicht zu dick auftragen, sondern in mehreren Schichten, da sonst zu große Spannungen im Material entstehen. Zum Schluß die ausgebesserte Stelle mit einer Feile säubern.

Das Ausbessern der Bemalung sollte man nur vornehmen, wenn es unbedingt erforderlich ist und wenn man geübt ist im Umgang mit Pinsel und Farbe. Empfehlenswert dazu ist Hobbymattlack, wie er in den Bastelabteilungen der Spielwarengeschäfte (zum Modellbau) in allen Farben angeboten wird.

Die Pflege einer Puppensammlung

Die Erhaltung einer Puppensammlung ist abhängig von ihrer richtigen Pflege. Zelluloidpuppen dürfen nie direkter Sonnenbestrahlung und Wärme ausgesetzt werden. Die Sammlung ist am besten in einer Glasvitrine untergebracht – hinter Glas verstauben Kleidung und Material nicht so schnell. Ich selbst «lebe» mit meiner Sammlung, das heißt, ich habe meine Zelluloidpuppen an verschiedenen Stellen in der Wohnung plaziert.

Dies bedeutet aber, daß die Puppen Staub und Licht ausgesetzt sind, und so muß ich eben hin und wieder die Kleidung in einem Feinwaschmittel vorsichtig auswaschen. Die Puppen selbst reinigt man, wenn sie verstaubt sind, mit einem Pinsel, ansonsten wäscht man sie vorsichtig mit warmem Seifenwasser ab – keine alkoholhaltigen Reinigungsmittel verwenden!

*

Register

Literatur

Coleman, Dorothy, Elizabeth u. Evelyn: The Collector's Encyclopedia of Dolls, London 1970.

Buchholz, Shirley: A Century of Celluloid Dolls, Cumberland, USA.

Cieslik, Jürgen u. Marianne: Europäische Puppen 1800–1930, München 1979.

Cieslik's Lexikon der deutschen Puppenindustrie, Jülich 1984.